메내

역사에서 배우다

세움북스는 기독교 가치관으로 교회와 성도를 건강하게 세우는 바른 책을 만들어 갑니다.

예배, 역사에서 배우다

초판 3쇄 발행 2024년 1월 25일

지은이 | 주종훈
펴낸이 | 강인구

펴낸곳 | 세움북스
등 록 | 제2014-000144호
주 소 | 서울시 종로구 대학로 19 한국기독교회관 1010호
전 화 | 02-3144-3500
팩 스 | 02-6008-5712
이메일 | cdgn@daum.net

교 정 | 이윤경
디자인 | 참디자인(02-3216-1085)

ISBN 979-11-952908-9-5 (03230)

* 이 책은 신저작권법에 의하여 국내에서 보호를 받는 저작물입니다.
  출판사와의 협의 없는 무단 전재와 무단 복제를 엄격히 금합니다.
* 책 값은 뒤표지에 있습니다.
* 잘못된 책은 교환하여 드립니다.

예배

역사에서 배우다

주종훈 지음

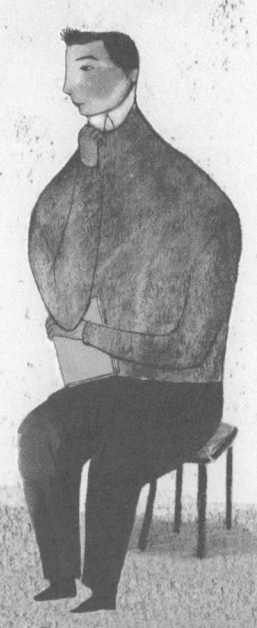

세움북스

History of Worship

추천의 글

　진지하고 성숙한 그리스도인들은 언제나 전통(Tradition)과 혁신(Innovation)을 어떻게 조화할 수 있는지에 관심을 갖는다. 이 책은 바로 그런 그리스도인들을 위한 책이다. 예배는 신앙생활과 영성 형성의 기본이다. 이 책의 저자는 예배와 관련된 다양한 전통이 형성된 역사적 과정과 우리 시대에 어떻게 각각, 그러나 총체적으로 혁신되고 있는지를 문답 형식으로 쉽고도 성실하게 풀고 있어 우리로 하여금 예배의 근본과 실천을 새롭게 배울 수 있도록 도와준다.

이정숙 (횃불트리니티 신학대학원대학교 총장)

주종훈 박사님과 예배에 관하여 오랫동안 대화를 나눈 적이 있습니다. 목사님의 정확하면서도 실천적인 답변에 말할 수 없는 기쁨을 느끼면서 이런 가르침이 강의와 책으로 소개되어 바람직한 예배신학을 정립하는 데 많은 목회자들과 신학도들에게 도움이 되기를 간절히 소원했는데 이렇게 한 권의 책으로 나오게 되어 너무나 감사합니다. 추천서를 쓰기 위해 책을 펼쳤을 때 목사님의 열정적인 목소리가 들리는 듯해서 한 문장도 놓칠 수 없었습니다. 예배 음악과 성찬에 대한 궁금증, 그리고 십자가와 헌금 같은 민감한 문제 등 기독교 예배에 관한 가장 중요한 질문에 대하여 본서는 시원한 해답을 제시하고 있습니다.

본서의 가장 뛰어난 특징은 예배의 주요 이슈들을 성경과 기독교 역사를 배경으로 깊은 연구와 실천적 현장을 교차하면서 바람직한 대안을 제시한다는 점입니다. 이전 것을 존중하는 동시에 새것을 두려워하지 않는 자세로 조금이라도 성경에 근거하면서 하나님의 영광과 교회의 덕을 위해 최선의 답을 찾는 저자의 노력에서 참된 예배자의 정신도 발견하게 됩니다. 목사님의 글은 깊이 있는 내용을 알기 쉽고 분명한 문체로 표현하여 곁에서 이야기를 들려주는 듯한 느낌을 받습니다. 잘 정돈된 유익하고도 감동적인 강의를 듣는 기분으로 읽다 보면 어느새 마지막 장을 넘기는 자신을 발견할 것입니다. 제 자신이 예배 분야에서 가장 도움을 받은 책이기에 모든 신자들이 꼭 읽어야 할 책으로 추천하고 싶습니다.

류응렬 (전 총신대학교 신학대학원 설교학 교수, 현 와싱톤중앙장로교회 담임 목사)

이 책의 출판을 기쁘게 생각하며 추천하고 싶은 세 가지 이유가 있습니다. 첫째는, 현대 교회의 끊임없는 예배 갱신의 기대에 대해 역사적 유산과 신학적 통찰로 부응하고 있다는 점입니다. 둘째는, 선정된 22개의 주제에 예배의 중요한 요소들을 다 담고 있는데 이것을 예배 현장에서 들려오는 질문에 대해 일목요연하게 맥을 짚어 주는 응답 형식으로 풀어냈다는 점이 신선하고 따뜻한 분위기를 느끼게 합니다. 셋째는, 민감한 현대 문화적 이슈들에 대해 정면으로 대응하면서 복음적인 대안을 제시하고 있다는 점입니다. 따라서 예배를 체계적으로 공부하고 싶은 예배자들은 물론, 예배 인도자나 신학생들을 위한 예배학개론서로서 그리고 예배 갱신을 위해 기도하는 목회자들에게 피부에 와닿는 안내서가 될 것입니다.

김세광 (서울장신대학교 예배설교학 교수, 일반대학원장 및 예배찬양사역대학원장)

목차

추천의 글 이정숙 · 류응렬 · 김세광 • 5
서문 • 10

Q 1 너무도 친숙하지만 궁금한 것들이 많은 예배 • 18

Q 2 현대 복음주의 예배의 기원과 영향 • 34

Q 3 예배 역사에서 배우는 예배 갱신의 방향과 실천 • 44

Q 4 예배 전통에 대한 새로운 이해와 해석 그리고 적용 • 54

Q 5 2세기의 기독교 예배 • 64
　　　제일 변증서(The First Apology)에 담긴 예배와 교훈

Q 6 3세기의 기독교 예배 • 74
　　　사도적 전승(Apostolic Tradition)에 담긴 예배와 교훈

Q 7 4세기의 기독교 예배 • 84
　　　예루살렘교회의 예배 내용과 교훈

Q 8 초대 교회에서 배우는 예배의 이해와 실천 • 94

Q 9 초대 교회 예배에서의 성경 사용 • 106

Q 10 그리스도 중심의 시간(Christ's Time)과 예배 형성 • 116

Q 11 예배와 공동 기도(Public Prayer) • 126

Q 12 공동 예배의 시작 • **136**
  예배에로의 초청(Calling to Worship)

Q 13 기독교 예배와 세례(Baptism) • **146**

Q 14 기독교 예배와 성찬(the Lord's Table) • **156**

Q 15 기독교 예배에서의 성찬 참여 방식 • **166**

Q 16 기독교 예배 갱신과 음악 • **176**
  예배 전쟁을 넘어서서

Q 17 기독교 예배와 공간(Space) • **186**

Q 18 기독교 예배와 시각 예술(Visual Arts) • **196**

Q 19 기독교 예배와 성경 읽기(Public Reading of the Scriptures) • **206**

Q 20 기독교 예배와 헌금(Offering) • **216**

Q 21 기독교 예배와 예배 모범(Liturgical Books) • **226**

Q 22 현대의 새로운 예배들에 나타난 예배 갱신의 관심과 실천 • **236**

서문

오늘날 예배와 관련한 주된 관심사 가운데 하나는 '새로운 예배(alternative worship)' 혹은 '더 나은 예배(better worship)'를 찾아 고치고 새롭게 하는 것입니다. 새로운 예배를 선호하는 것은 지금의 예배보다 더 나은 예배가 필요하고 예배를 새롭게 하는 것이 가능하다는 생각에서 주어진 것입니다. 이러한 예배 갱신을 위한 노력은 크게 두 가지로 나타납니다. 하나는 성경의 예배 또는 성경적 예배를 실천하고자 하는 것이고, 다른 하나는 예배자들의 삶의 정황을 잘 배려하는 문화적 적실성을 지닌 예배를 개발하는 것입니다. 이 두 가지 노력은 모두 중요합니다. 성경적으로 충실하면서도 문화적 적실성을 추구하는 예배는 서로 다른 두 방향이 아니라 예배를 갱신하는 하나의 두 측면입니다. 하나님은 성경을 통해서 하나님을 향한 경배로서의 반응이 무엇이며 어떠해야 하는지 구체적으로 제시해 주셨습니다. 동시에 하나님은 역사의 현실 속에서 살아가는 하나님의 사람들이 주어진 자리에서 가장 적합한 방식으로 하나님을 예배할 것을 기대하십니다.

역사적으로 알 수 있듯이 하나님 한 분을 말씀에 따라 예배하지만 시대와 장소에 따라 예배하는 방식과 구체적인 표현 그리고 관심사가 달랐습니다. 각각의 예배 공동체가 "우리 시대에 성경적으로 가장 적합하고 문화적으로 적실성을 지닌 새로운 예배는 어떤 예배인가?"라는 질문에 대한 답변을 통해 예배의 갱신을 시도해 왔습니다. 단 한마디로 모든 공동체가 공유할 수 있는 예배 방식을 위한 구체적인 답변을 제공할 수는 없습니다. 성경은 단지 전통이 아니라 하나님과의 관계 방식을 위한 규범이고, 문화는 성경을 거스르는 삶의 방식이 아니라 하나님과의 관계 방식을 드러내고 표현하는 실체입니다. 그러므로 우리는 지금 주어진 자리 곧, 각자 속한 예배 공동체 안에서 성경의 하나님을 가장 적합하게 예배하는 것에 대해서 고찰하고 또 구체적으로 실천해야 합니다. 이러한 실천은 같은 하나님을 예배한다는 점에서 공통적이지만, 서로 다른 상황 속에서 나름의 문화적 특징을 지니고 있다는 점에서 구체적인 표현 방식은 다를 수밖에 없습니다.

이러한 새로운 예배의 실천을 위해서 역사는 예배자들에게 귀중한 교훈을 제공해 줍니다. 예배는 사실상 이론으로 익혀서 실천으로 적용하는 것이 아니라 직접적인 실천을 통해서 몸의 습관적 참여와 반응으로 의미를 터득하는 기독교의 신앙 방식입니다. 그런데 몸으로 익힌 예배 안에서 자신의 예배를 새롭게 보고 접근하는 것은 매우 어려운 과제입니다. 무엇인가 새로워져야 한다는 필요는 느끼지만 그 새로움의 방향과 내용이 무엇인지는 막연해 보입니다. 왜냐하면 자신이 속한 예배의 현실 안에서 예배를 볼 수밖에 없기 때문입니다. 여기서 역사의 교훈은 매우 중요합니다. 과거의 예배를 역사적으로 고찰하는 것은 현재를 살아가는 우리가 할 수 있는 특권입니다. 자신의 제한된 현실에 갇혀 있지 않고 거리두기(所與, distance)를 통해서 그 역사의 내용을 어느 정도 새롭게 볼 수 있는 시각을 지닐 수 있기 때문입니다.

역사의 특정한 시대를 살았던 기독교인들의 예배를 그 당시 예배자들보다 더 새롭고 분명하게 볼 수 있는 것은 우리가 그 시대와 사람들로부터 일정한 거리를 두고 있기 때문입니다. 이러한 역사적 방식은 반대로 적용할 수도 있습니다. 우리보다 먼저 예배했던 이들의 실천과 그 의미를 기준으로 삼아서 오늘날 우리를 볼 수 있는 안목을 얻을 수 있습니다. 오늘날 우리의 예배를 새롭게 볼 수 있는 안목은 우리 자신의 제한된 시각이 아니라 우리보다 먼저 성경과 문화에 부합하는 예배를 드리려고 했던 이들의 노력을 거울삼아 얻을 수 있습니다. 기독교 예배 역사가 가져다주는 교훈은 바로 이러한 거리감을 통한 새로운 안목입니다. 이 책은 이러한 역사적 관점에서 우리의 예배를 새롭게 이해하고 고쳐나갈 수 있는 시각을 제공해 주기 위한 책입니다.

또한 예배와 관련한 역사적 안목을 통해서 우리가 배울 수 있는 것은 동시대 예배와의 거리입니다. 성경적으로 충실하고 문화에 적합한 예배, 곧 가장 바람직하고 새롭고 더 나은 예배를 위해서 우리에게 필요한 태도는 예배 자체를 우상화하지 않는 것입니다. 예배를 강조하는 이들이 빠지기 쉬운 함정은 예배의 대상인 하나님보다 예배의 방식과 실천을 지나치게 강조하는 것, 곧 예배 우상에 빠지는 것입니다. 예배 우상은 예배만이 전부이고 예배를 통해서 모든 것을 새롭게 바꿀 수 있다고 주장하는 것이기도 합니다. 이러한 주장에는 예배에서 중요한 예배의 대상과 방향보다 예배 자체를 강조하는 위험이 담겨 있습니다. 인간은 종교와 상관없이 누구나 예배하는 존재(homo adorans; homo liturgicus)입니다. 중요한 것은 예배의 대상과 그 방식입니다. 하나님을 예배하는 것, 이 가장 단순한 인간의 존재 목적이 왜곡될 때 참된 성경적 문화적 예배는 어려워집니다.

예배를 연구하고 관찰하며 신학적으로 고찰하는 저에게 가장 큰 과제는 예배 자체에 대한 관심이 아니라 하나님을 예배하는 것에 대한 노력과 실천에 더욱 집중시키는 것입니다. 왜냐하면 많은 예배자들이 예배를 통해서 예배 자체 그리고 좀 더 근본적으로는 자기 자신을 예배하고 있기 때문입니다. 성경적 예배가 막연하게 보이는 이유는 자신에게 만족과 충족이 없기 때문입니다. 문화적 적실성이 중요하다고 하면서 다양한 예배를 시도하는 노력은 사실상 많은 경우에 자신의 예배 경험에서 기대하는 만족을 충족시키기 위한 시도입니다. 우리가 예배에 대한 관심을 가지고 있으면서 예배 경험 자체 또는 자신에게 집중해 있는 시선을 하나님께로 돌리는 것이 예배를 갱신하는 데 너무도 중요한 과제입니다. 이 책은 예배와의 거리를 둔 역사적 고찰을 통해서 예배 자체에 빠져 들지 않고 하나님을 예배하는 방식에 관심을 두도록 의도되었습니다. 역사적 간격을 통해서 예배를 고찰하면 예배의 본질이 하나님께 있다는 것을 자연스럽게 깨닫게 될 것입니다.

이와 같이 역사적 고찰은 새로운 예배에 대한 변화된 시각을 갖게 합니다. 곧 새로운 예배는 이전에 없었던 새로운 것을 찾아내는 것이 아니라 성경이 가르쳐 주는 대로 하나님을 주어진 자신의 문화에서 적실성 있게 경배하는 방식입니다. 역사적으로 기독교 예배의 모습들은 이러한 새로운 예배의 증거들입니다. 곧 기독교 예배의 역사는 이러한 진지한 노력을 담아낸 예배자들의 흔적과 수고를 보여 줍니다. 오늘날 우리는 그러한 역사적 과정에 나타난 참된 의미의 새로운 예배를 살펴보고 우리의 예배를 위한 교훈을 얻어 실천할 수 있어야 합니다. 이것은 단지 옛 시대의 예배를 고고학적으로 답습하는 것이 아니라, 그 실천에 담긴 정신과 원리를 지금 주어진 우리의 삶 속에서 창의적으로 구현하는 것입니다. 지난 2천 년이 넘는 기간 동안 수많은 기독교 예배 공동체들은 가장 성경적이고 문화적인 예배를 구현하기 위해서 노력했습니다.

이 책은 역사를 통해서 배울 수 있는 우리 시대의 예배 갱신을 위한 교훈을 얻기 위해서 기록한 것입니다. 이미 말씀드린 것처럼 기독교 예배를 새롭게 하는 것은 이전에 없었던 혁신을 추구하는 것이 아닙니다. 오히려 성경과 문화를 가장 적합한 방식으로 연결해서 구체화하는 실천이 예배를 새롭게 하는 것입니다. 그러한 노력의 흔적들은 우리에게 예배 갱신과 관련해서 귀한 의미와 교훈을 줍니다. 이 책은 단지 과거의 예배를 묘사하거나 서술하고 그것을 하나의 이야기거리로 남겨 두지 않고 그러한 실천에 담긴 의미를 발견함으로써 오늘날 우리의 예배를 새롭게 하기 위한 안목과 교훈을 찾는 데 주력합니다. 현재의 관점에서 과거를 봐야 하는 제약이 있지만 그러한 제약에도 불구하고 과거의 모습에 비추어 현재를 바라보기 위해 노력합니다. 마치 천국의 서기관이 새것과 옛것을 그 필요에 따라 곳간에서 꺼내 오는 것처럼(마태복음 13:52 참고) 우리도 오늘날 우리의 예배를 새롭게 하는 과정에 옛것에서 가져올 수 있는 지혜가 필요합니다. 그러한 지혜는 기독교 예배의 형성과 초대 교회의 예배 실천, 예배의 구성 요소들이 발전해 온 과정과 오늘날 예배를 위한 의미들에 이르기까지 많은 것들을 담고 있습니다.

　이 책이 그러한 지혜의 공급에 작게나마 기여할 수 있기를 바랍니다. 이 책의 원고는 처음 장을 제외하고 지난 2년간 '워십리더'라는 잡지에 매월 기고했던 글들을 수정 보완한 것입니다. 독자들에게 쉽게 다가가기 위해서 편지 형식을 사용했는데 원래 형식을 그대로 유지해서 책으로 편집하였습니다. 질문과 답변의 형식으로 독자들과 대화하는 방식을 사용하기 위해서입니다. '워십리더' 독자들에게 유익을 줄 수 있었던 기회를 넓혀 많은 목회자, 신학생, 예배인도자 그리고 예배자들에게 유익을 줄 수 있기를 바라며 책의 형태로 새롭게 출판하게 되었습니다. 책으로 출판하는 과정에서 필요한 도움과 함께 직접 출판을 해 주시는 세움북스 강인구 대표님에게 감사를 드립니다. 또한 원고를 편집하고 상세하게 교정 작업에 도움을 주신 이윤경 자매께도 감사를 드립니다. 동시에 기독교 예배에 대한 구체적인 생각을 함께 나누고 조언해 준 아내 이상예에게 특히 감사를 드립니다. 또한 사랑하는 두 자녀 하영이와 하진이가 언제나 역사 속에서 배운 예배의 교훈을 이어나갈 미래의 또 다른 예배자들로 자라주고 있어서 감사할 따름입니다. 성령께서 이 작은 책자를 통해서 예배를 새롭게 하고자 하는 이들의 마음과 생각 그리고 구체적인 실천에 이르기까지 섬세한 인도하심과 도움을 주시길 소망합니다.

저자 **주종훈**

History of Worship

Question
01

"제가 예배에 대해서 진지한 관심을 갖게 된 것은 어느 날 개인적인 사정으로 예배를 빠진 경험 때문입니다. 어려서부터 신앙생활을 해 온 저는 아주 긴급한 상황이 아니면 주일 예배를 빠진 적이 없었습니다. 그런데 예배를 빠진 그날 저녁 집에 돌아와서 문득 이런 생각을 하게 되었습니다. '예배에 가봤자 늘 똑같고 가서 별생각 없이 앉아 있다가 오는 것보다는 그 시간에 차라리 하나님을 위해서 열심히 공부하고 일하는 것도 가치 있는 것이 아닌가? 그리고 내가 매주 빠지는 것도 아니고…….' 그러면서 이런 생각이 들었습니다. '우리 교회 예배가 좀 더 풍성하고 삶의 변화를 이끄는 힘이 있다면 이런 생각을 하지 않을 것 같은데……. 많은 교회들이 새로운 예배를 위해서 청년들과 교회 어른들이 함께 모여서 대안을 마련한다고 하던데 우리 교회는 뭐야. 어른들은 예배에 조금만 늦어도 꾸지람만 하고 예배 자체에 대한 대안은 없고, 또 교회 주변의 이웃을 위해서 하는 일은 없이 무조건 전도해서 데려오는 것이 최고라고 하면서 전도할 때도 교회 목사님 설교가 좋다면서 설교 들으러 교회 한 번 오라고만 하잖아. 게다가 심지어 내 친구는 우리 교회 전도지에 들어간 문구 가지고 뭐라고 하는 애도 있어. "당신이 만족할 균형 잡힌 스타일의 예배"라니 예배가 뭐 광고를 통해서 파는 물건인가?' 이러한 저의 생각과 질문에 대해서 어떻게 조언해 주실 수 있나요?"

너무도 친숙하지만
궁금한 것들이 많은 예배

기독교 신앙인들이 진지하게 고민하고 관심을 갖는 주제는 대부분 교리, 설교, 또는 윤리와 관련된 것들입니다. 신앙인에게 바른 신앙고백을 하고, 말씀을 바르게 깨닫고, 삶에서 기독교적 가치를 드러내는 것만큼 중요한 것은 없습니다. 바른 신앙고백을 하고 말씀에 대해서 진정성 있게 배우며 삶의 의미와 가치를 터득하는 것은 기독교 예배를 통해서 이루어집니다. 예배는 단지 기독교 신앙에서 또 하나의 영역이 아니라, 믿고 확신하는 것을 구체화하며 직접 고백하고 표현하는 결정체와도 같습니다. 예배는 단순히 감정의 몰입과 열정만으로 이루어지는 신앙고백의 표현이라기보다는 모든 순서와 내용에서 신앙의 의미를 드러내고 직접 형성하는 살아 있는 신학입니다. 예배자는 누구나 예배를 통해서 하나님을 알고 경험하며 표현하는 신학을 하고 있는 것입니다. 이런 점에서 지금 경험하고 있는 예배를 새롭게 이해하고 해석하며 나아가 갱신하려는 노력은 정말 필요한 실천입니다.

첫 번째로 고려할 우선적인 문제는 주일성수에 관한 것입니다. 주일성수를 했느냐 하지 않았느냐 하는 문제는 그렇게 단순하지 않습니다. 하루 가운데 한 시간 교회 예배에 참석하고 나머지 시간은 완전히 하나님과 상관없이 보내는 경우를 생각해 보십시오. 이와는 달리 정해진 공동체의 예배에 참여하지는 못했지만 하나님과 깊은 교제를 하면서 지낸 경우는 어떻게 봐야 합니까? 이런 점에서 주일성수 문제를 주일 교회 예배의 참석 여부, 곧 표면적인 행위만을 가지고 판단하는 것은 바람직하지 않습니다.

오히려 주일성수는 시간과 예배 공동체와의 관계 속에서 생각하는 것이 바람직합니다. 우선 창조의 마지막 일곱째 날에 안식하신 하나님과 출애굽하는 과정에서 안식일을 규정한 것은 구약에 나타나 있습니다. 신약성경에 보면 안식일이 지난 다음 날 초대 교회 공동체는 함께 모여서 예배했습니다. 이후 교회 전통에서 예외 없이 주 7일 단위로 진행되는 반복된 시간 속에서 리듬을 따라 하루를 예배하는 날로 정해서 준수했습니다. 이렇게 예배하는 날을 구분해서 실천한 것은 안식일을 단지 한 사람이 개인적으로 지키는 것보다 더 큰 의미를 지닙니다. 그것은 다시 오실 예수 그리스도에 대한 확신을 공동체적으로 아주 구체적으로 실천하는 것을 의미합니다. 자신이 하루를 쉬면서 예배했느냐 하지 않았느냐보다 우리 그리스도인 모두가 다시 오실 그리스도를 인정하면서 함께 모여 그분이 오실 때까지 그 분이 원하시는 방식으로 우리의 정체성을 드러내고 있는지를 생각해 봐야 합니다. 이런 점에서 주일성수를 단지 개인주의적 시각과 법적 조항처럼 이해해서는 안 됩니다.

구도자 집회로 잘 알려진 미국의 월로우크릭교회(Willow Creek Community Church)는 수요일에 공동체 예배가 있었습니다. 오랫동안 토요일 저녁과 주일에는 구도자들을 위한 전도 집회를 해 왔는데 이것은 교회 공동체가 주일과 관련한 오랜 전통을 새롭게 해석한 것이었습니다. 이러한 실천은 교회력과 관련한 시간 이해에 대해서 기존 교회에 새로운 시각을 던져 주었습니다. 이런 점에서 주일성수 문제를 좀 더 폭넓게 이해하는 것이 바람직합니다. 그러면 "꼭 주일날 예배를 하지 않아도 되는가?", "주일이 아닌 다른 날을 예배하는 날로 삼아도 되는가?"라는 질문을 할 수 있습니다. 쉽게 답하면 가능하다고 할 수 있지만 지난 2000년 동안 그리스도를 믿고 따르는 공동체가 그리스도의 다시 오심을 기다리면서 함께 모여 예배하는 날로 오늘날의 주일을 구분해 왔습니다. 이것을 쉽게 무시할 수는 없습니다. 따라서 주일을 비롯한 시간과 관련해서 무조건 자유롭게 생각하는 것은 바람직하지 않습니다. 또한 직업의 특성이나 여건상 주일에 모일 수 없는 경우 다른 날에 함께 모여 예배할 수 있는 기회가 주어진다면, 그것 자체를 문제 삼는 것도 바람직하지 않습니다.

두 번째로 오늘날 가장 보편적인 예배 방식, 곧 설교 중심의 예배에 대해서 생각해 볼 필요가 있습니다. 흔히 설교를 예배의 전부인 것처럼 생각해서 설교 전에 참석하여 설교 끝난 후에 바로 나가면 예배에 참여했다고 생각하는 사람들이 있을 정도입니다. 실제로 그러한 예배자들(?)이 많습니다. 이른바 '미사'라고 불리는 중세의 예전(Liturgy)을 개혁할 때, 말씀 중심의 예배를 실천한 종교 개혁의 전통을 따르는 예배자들에게는 쉽게 받아들여지는 현실이기도 합니다.

한국 교회 예배는 이러한 특징을 더욱 잘 드러내고 있습니다. 우리나라에 처음 복음이 전해진 후 예배가 정착할 때, 우리의 선조들은 예배에 대한 이론적인 정립을 갖고 그 확신에 따라서 예배하지 않았습니다. 오히려 선교사들이 정해 준 방식-성경을 중심으로 한 성경공부 방식-을 주일예배에 실천했고, 그것이 정착되어 지금까지 이어져 오고 있습니다. 물론 예배가 말씀 중심으로 진행되는 것 자체는 문제 될 것이 없습니다. 그보다는 오히려 예배에 대한 전체적인 이해 없이 말씀만을 중심에 두는 실천 자체에 대해서 좀 더 폭넓은 시각을 갖고 접근해야 합니다. 성경을 읽고 설교하는 것이 예배의 전부이고, 그래서 설교자의 설교에 집중하고 그것만을 기대하는 현상 때문에 비롯된 결과들을 생각해 볼 필요가 있습니다. 마치 예배가 탁월한 설교자의 설교를 듣는 것인 양 그 의미가 완전히 축소되어 버린 경우가 많습니다. 그래서 흔히 예배에 적극적으로 참여한다는 의미를 단지 졸지 않고 설교 내용을 잘 듣거나, 설교를 통해 깨달음을 얻는 것 외에 다른 의미를 생각하지 않는 경우가 있습니다.

그렇다고 해서 실제로 예배자들로 하여금 예배에 적극 참여시키기 위해서 무엇을 어떻게 해야 하는가를 진지하게 고민할 때, 분명하고 구체적인 답변이나 제안을 쉽게 찾을 수 있는 것도 아닙니다. 이것은 예배에 대한 폭넓은 이해와 문화에 대한 깊은 통찰을 같이 고려해야 하기 때문입니다. '적극적 참여'라는 것이 단지 안내를 맡기고 특송 순서를 집어 넣는 것, 찬양팀을 활성화하고 어른과 아이들이 같이 예배하는 것, 방송 시설과 미디어를 잘 사용하는 것이 아니기 때문입니다. 실제로 우리의 예배 현실을 보면 잘 알 수 있습니다. 예배에 잘 참석하라고 강조하지만, 예배에 어떻게 참여해야 하는지에 대한 구체적인 안내는 매우 부족합니다. 또한 설교 중심의 예배에 관해서 좀 더 폭넓은 생각을 갖게 되는 중요한 이유는 단지 설교 자체가 문제라기보다는 문화적인 요인도 있습니다. 미디어에 친숙하고 익숙한 젊은 세대들은 이미지나 다른 시각적 요소들 전체를 같이 볼 수 있는 환경에서 자라고 있기 때문에 교회 예배가 매우 어색하고 지루하게 느껴질 수도 있습니다. 이런 문제들에 대해서는 나중에 같이 나눌 수 있는 기회가 주어지리라 생각합니다. 여기서는 우선 설교 중심의 예배를 유지하면서 고려해 볼 한 가지만 제안하겠습니다.

설교에 대한 피드백(feedback)과 관련해서 교회 전통은 설교에 대한 나눔을 예배 시간에 했습니다. 설교를 마친 후 바로 주변 사람들과 함께 설교 내용을 나누고, 필요한 경우 설교자에게 질문하면서 적극적으로 생각을 주고받았습니다. 그리고 예배 역사를 살펴보면 예배 시간에 우리가 흔히 이해하는 설교가 아닌, 그것과는 별도로 성경을 읽고 강해하면서 그 의미를 자세히 설명하고 함께 공부하는 시간을 포함한 경우도 있었습니다. 결론적으로 예배의 의미와 역사적 실천을 좀 더 살펴보고 그것을 오늘날 문화를 고려하면서 창의적으로 접근하면 예배는 단지 목회자나 소수의 사람들뿐 아니라, 예배자들 모두가 좀 더 적극적으로 참여할 수 있습니다.

세 번째로 예배와 관련해서 생각해 볼 문제는 정말 중요하지만 쉽게 오해되는 부분입니다. 흔히 우리는 '신령과 진정으로 예배해야 한다'고 말합니다. 그러나 그 뜻을 정확히 이해하지 못한 채 그냥 열심히 정성을 다해 예배하는 정도의 뜻으로 이해하고 있습니다. 이런 이해가 잘못된 것은 아닙니다. 그러나 좀 더 자세히 말하면, '신령과 진정'은 '성령과 진리 곧 그리스도'를 뜻합니다. 이 말은 예배의 중요한 원리를 말해 주는 표현입니다. 예배는 사람들과 하나님과의 거룩한 상호 대화를 통한 만남이라고 볼 수 있습니다. 이것은 단지 오늘날 사람들 사이의 연애나 교제와는 다릅니다. 왜냐하면 이 만남을 위한 대리자(agent: 흔히 '중보자'라고도 불리움)에 대한 분명한 이해가 필요하기 때문입니다. 우리가 예배를 통해서 하나님과의 대화를 통한 만남을 진행할 때 성령의 도우심과 그리스도를 통해서만 가능합니다. 따라서 예배는 한 주간 후회스러운 삶을 살았다고 해서 드릴 수 없는 것도 아니고, 만족스러운 삶을 살았다고 해서 더 떳떳하게 참여할 수 있는 것도 아닙니다. 예배는 성령과 그리스도의 도움과 대리적 역할을 통해서 참여하는 것입니다. 이런 점에서 예배는 어느 장소에서 드리는가 보다 그리스도와 성령의 중보적 인도에 얼마나 참여하는가가 더 중요합니다. 좀 더 근본적으로 말하면 하나님께서는 단지 예배의 대상일 뿐만 아니라 예배의 주체로 예배자들을 이끌고 계시다는 것을 뜻합니다.

하나님의 주도적 초청과 인도하심도 중요하지만 인간의 역할도 중요합니다. 구원이 아닌 예배의 실천에서는 실제로 인간의 대리적 역할도 중요합니다. 음악의 선택과 설교의 전달, 기도 등과 같은 순서를 어떤 식으로 진행하느냐에 따라서 그 과정들을 통해 하나님과의 만남이 이루어질 수도 있고 단절될 수도 있기 때문입니다. 역사적으로 로마 가톨릭교회에서는 미사에서 신부의 중보적 대리 역할을 매우 중요하게 간주합니다. 하나님의 임재를 이끄는 기능이 신부의 말과 행위에 따라 좌우된다고 여기기 때문입니다. 동방교회와 그리스도 정교회의 예전은 성상(聖像, icon)이 하나님의 임재를 경험하게 하는 중요한 역할을 하고 있습니다. 그리고 종교개혁 이후 대부분의 기독교 교단들에서는 성령과 그리스도의 중보적 대리 그리고 인간의 지혜로운 참여를 통한 하나님과의 거룩한 대화와 만남을 추구하는 예배를 시도하고 있습니다. 우리는 우리의 예배 이해와 역사에 부합하는 창의적인 접근을 하는 것이 바람직합니다. 사제와 같은 역할을 하지는 않지만 모두 사제처럼 서로 다른 역할을 통해 하나님께 다가갈 수 있고, 성상을 사용하지 않지만 시각 예술을 통해서 하나님의 임재를 더욱 아름답고 지혜롭게 경험할 수 있습니다. 그러니 예배가 이루어지는 공간, 그 공간을 꾸미는 방식과 예배실에 배치된 의자의 배열, 설교자와 기도자 그리고 찬양인도자가 공연을 하듯 하기보다는 하나님과 회중의 만남을 위해 좀 더 신중하게 준비하고 참여하는 것 등 다양한 방식들을 새롭게 고려해야 합니다.

네 번째로 생각해 볼 문제는 새로운 예배 스타일에 대한 이해입니다. 새로운 스타일이라는 것이 흔히 말하듯 단지 엄숙한 예배, 현대적인 예배, 통합적인 예배 내지는 말씀 중심의 전통적인 예배, 음악 중심의 현대 예배, 전통과 현대를 조화롭게 디자인한 웅장한 예배 등을 표현하는 방법을 뜻하지 않습니다. 왜냐하면 이런 구분들은 단지 자신이 선호하는 취향에 따른 스타일에 의해서 예배를 이해하고 교회가 무의식적으로 결정한 것들이기 때문입니다. 실제로 전통 예배에 현대적 요소가 없는지, 현대 예배에 전통적인 요소가 없는지 의문을 갖고 진지하게 고찰해 보면 그것들을 엄격히 구분하기 어렵다는 것을 알게됩니다. 이런 혼란이 있는 이유는 문화에 대한 지나친 동조(accommodation)가 예배 안에 주어졌기 때문입니다. 실제로 교회가 세상 사람들의 문화와 단절해서 그들과 소통하지 않는다는 비판 때문에 시작된 것이 구도자 전도 집회였습니다. 이 구도자 전도 집회가 예배 형태를 갖추고 심지어 주일날 이루어지자 많은 한국 교회에서 전도 집회 형식의 예배를 활성화시켰습니다. 아마 이 부분에 대해서 다시 나눌 수 있을 것입니다.

여기서 간략히 말하면 이것은 교회를 수적으로 성장시키는 데 적지 않은 역할을 했고, 동시에 세상 문화와 깊은 연결을 유지하게 해 주었습니다. 그런데 시간이 조금 지나자 사람들은 새로운 질문을 하기 시작했습니다. "교회와 세상이 다르지 않다면 왜 굳이 교회에 가야 하는가? 그냥 세상에 남아 있지!"라는 근본적인 질문을 던졌습니다. 교회는 이에 대해서 세상과 다른 교회의 구별성을 예배를 통해서 드러내려 했고, 그것을 초대 교회 전통에서 찾아 새롭게 실천했습니다. 이것이 바로 사람들이 '이머징 예배(emerging worship)'라고 부르는 예배의 시작이었습니다. 이머징 예배를 성경에 근거한 초대 교회의 모습에서 찾다가 발견한 것이 가정 교회 형태이고, 교회는 가정 교회 모임으로서의 예배가 중심이고 또 가정 교회들의 모임인 대그룹 모임으로서의 예배를 균형 있게 실천해야 한다는 주장이 나오기도 했습니다. 지금은 많은 교회들이 아주 쉽게 현재 경험하고 있는 교회와 예배의 새로운 갱신을 위한 대안으로 이런 주장들을 과감하게 받아들이고 실천하고 있습니다. 그런데 사실 조금 과장해서 말하면 이런 여러 주장들을 따르는 실제적인 이유는 교회 성장과 관련되어 있습니다. 이런 움직임들이 교회를 회복시킬 뿐 아니라 성장시키는 실제적인 사례들이 많기 때문에 많은 교회들이 자신의 전통과 신앙고백과는 상관없이 그 방식을 택해서 실천하고 있습니다.

이러한 대안적 움직임들에 대해서 반대할 수는 없지만 생각해 볼 점들이 있습니다. 우선 지금까지 교회 역사에서 진행해 온 전통적 예배 방식을 과감하게 비판하기는 어렵습니다. 물론 수구적 태도를 갖는 것이 바람직하다는 것은 아닙니다. 교회 성장을 위해서 새로운 것을 택하는 것이 중요한 원칙이 되면, 옳고 그름 그리고 정당성에 대한 진지한 고민 없이 성장을 위해서 새로운 것은 무조건 바람직하다고 이해하고 실천하게 되는데 이것은 바람직하지 않습니다. 더 나아가서, 이런 원리들을 마치 잘 포장된 하나의 상품처럼 받아들이기는 더욱 어렵습니다. 왜냐하면 구도자 예배, 이머징 예배, 가정 교회 등과 같은 것을 각 교회의 구체적인 상황을 고려해서 실천해야 하는데, 마치 컴퓨터 프로그램처럼 자동적으로 결과를 이끌어 낼 수 있다고 생각하게 하는 교회의 건강을 해치는 위험이 있습니다. 실제로 초대 교회와 성경에 근거한 것이라고 하면 많은 사람들이 쉽게 긍정하는데, 엄격히 말해서 특히 예배에 관해서는 더욱 그러합니다. 그러나 초대 교회의 예배가 오늘날 우리 예배의 모델이라고 보기에는 여러 가지 고려해야 할 사항들이 있습니다. 왜냐하면 오늘날도 동시대에 수많은 교회들이 서로 다른 방식으로 예배하고 있어서 현대 예배를 한마디로 규정하기 어렵듯이 초대 교회 예배나 많은 사람들이 모델로 삼는 4세기 예배를 하나의 압축된 형태로 제안하는 것은 역사적 오류를 범하는 것이기 때문입니다. 어쨌든 새로운 예배를 위해서 지금 주장되고 있는 어떤 방식을 모델로 따르기보다는 그 주장에 대한 다각도의 깊은 고찰을 통해서 각 교회가 예배에 대한 나름의 이해를 갖고 그에 가장 부합하는 모습을 주일마다 적실성 있게 실천해 가는 것이 더 필요합니다.

사실 새로운 스타일에 더욱 많은 관심을 갖기보다는 교회의 정체성에 부합한 공동체성을 드러내는 예배에 대해 더욱 고민해 볼 필요가 있다고 생각합니다. 한국 교회에 가장 밀접한 영향을 주고 있다고 볼 수 있는 미국 교회들이 대부분 눈높이 교육과 전문성이라는 이유로 주일학교를 개발하고, 가족이 공동체로 예배하기보다는 세대별, 연령별로 예배하게 했는데, 한국 교회는 이에 대해 큰 고민 없이 당연한 것으로 받아들이는 듯합니다. 실제로 가족 모두가 함께 다른 가족들과 모여서 하나님을 예배하는 것은 종말론적 공동체로서 매우 중요한데 설교의 이해 수준이나 문화적 세대 차이 혹은 전문화된 특성 교육이라는 이유로 아이들과 청소년 그리고 청년과 어른들이 각각 나뉘어서 예배하는 것은 그 장점에도 불구하고 고민해 볼 필요가 있습니다. 교회는 전문성과 효율성을 강조하는 기업체가 아니기 때문에 교회만이 갖고 있는 공동체성을 드러내는 예배 실천이 정말 중요합니다.

마지막으로, 예배와 삶의 관계에 대한 문제를 잠시 생각해 볼 필요가 있습니다. 우리의 삶에서 예배는 의식으로서 매우 중요한 역할을 합니다. 예배는 주일 예배뿐만 아니라 많은 예배들이 있습니다. 이를테면 돌 예배, 결혼 예배, 장례 예배 등과 같은 예배들입니다. 사람들은 예배는 하나님을 위한 것인데 이런 인간의 일에 예배를 연결시키는 것은 바람직하지 않다고 (심지어 샤머니즘적이라고 할 정도로) 보기도 합니다. 그러나 삶의 과정, 즉 요람에서 무덤까지 진행되는 삶에서 중요하고도 의미 있는 순간들은 언제나 초월자와 연결 짓는 의식을 해 온 것이 인간의 역사에서 공통적인 현상입니다. 기독교적으로 말하면 삶의 모든 과정에서 특히 중요한 순간은 하나님과 더욱 깊은 의미를 부여하기 위해서 (예배라고 불리는) 의식을 포함시켰습니다. 구약의 이스라엘 백성들은 그들의 역사에서 중요한 순간들을 절기로 정하고 의식을 통해서 하나님과 그 의미를 연관 지었습니다. 개인과 공동체 전체가 시간의 리듬을 따라서 반복적으로 의식을 통해 하나님과 삶을 연결시켰습니다. 이런 점에서 우리가 진행하는 각종 예배들을 단지 주술적이고 미신적인, 또는 오용하는 것이라고 보기보다는 삶의 중요한 순간과 과정을 하나님과 연결시켜 의미를 부여하는 신앙고백의 표현으로 볼 수도 있습니다.

아울러 하나님을 향한 예배는 반드시 하나님의 형상으로 지음 받은 주변 사람들과 사회에 영향을 미쳐야 합니다. 그러나 오늘날 우리의 현실을 보면 대부분 예배가 형식화된 듯하고 하나님께 영광을 강조하지만 실제로 예배의 정신을 삶에서 잘 드러내지 못하고 있습니다. 목회자들 가운데 "예배에 성공해야 삶에 성공한다"고 말하면서 하나님을 잘 예배하면 삶이 순탄하고 축복을 받는다고 주장하는데 사실 이는 근거가 빈약한 외침입니다. 좀 더 정확히 말하면, 예배가 목적이기 때문에 삶에서 하나님을 예배하는 정신으로 살아가다가 공동체가 함께 모여 기쁨으로 예배하는 것이 더욱 적합한 표현입니다. 중요한 것은 공동체가 함께 모여 예배하는 것과 삶으로서의 예배가 단절되어 있는 것이 아니라 연결되어 있다는 점입니다.

그러면 공동체의 예배가 어떻게 삶에 영향을 미치는 예배가 될 수 있을까요? 이 문제에 대해서는 쉬운 답변이 없습니다. 그러나 한 가지 중요한 원칙이 있습니다. 일단 예배를 구성하고 진행하는 목회자의 역할과 그 예배에 참여하는 참여자들의 역할로 구분해서 생각해 볼 수 있습니다. 예배에 중요한 책임을 맡고 있는 자들은 예배에 참여한 사람들이 예배의 근본 정신인 하나님께 집중하게 해야 하는데, 교회 역사에서는 말씀과 성찬으로 실천해 왔습니다. 다시 고리타분한 전통으로 돌아가자는 것이 아니라 성찬의 의미를 풍성히 이해하지 못하고 실천하지 못했기 때문에 그냥 단순한 의식 정도로 무미건조하게 받아들이는 것을 넘어서자는 뜻입니다. 성찬에는 여러 의미들이 있지만 무엇보다도 그리스도께서 우리를 받아주신 그 사랑의 초청에 참여하는 것이 성찬의 의미 입니다. 이런 사랑의 초청에 참여함으로써 다시 자신의 삶에서 자신과 다른 쉽게 받아들이기 어려운 대상을 포용하고 존중하도록 이끌어 줍니다. 이런 점에서 교회는 현대 문화의 가장 우려스러운 소비 중심의 가치에 따라 단지 예배 참여자의 필요나 기대를 만족시키기 위해서 노력하기보다는 정의를 드러내는 그리스도의 인격과 사랑을 경험하게 해야 합니다.

동시에 예배 참여자의 입장에서는 예배를 통해서 무엇인가를 얻고자 하며 만족을 추구하는 것에만 집중하는 이른바 소비주의적 태도를 경계해야 합니다. 자신의 기호나 기대에 만족하게 되면 좋은 예배이고, 그렇지 않으면 좋은 예배가 아니라고 판단하는 것을 신중하게 반성할 필요가 있습니다. 왜냐하면 예배는 좋은 물건을 사서 만족하는 소비의 경험이 아니기 때문입니다. 예배에서 중요한 것은 만족보다 그 예배를 통해 만나는 하나님께 비춰진 자신을 보고 새롭게 변화시키는 것입니다. 우리는 너무도 쉽게 예배를 통해서 하나님을 변화시키려고 합니다. 실은 하나님을 통해서 우리 자신이 변화되어야 합니다.

 지금까지 예배와 관련한 기본적인 생각들을 나누었습니다. 이제 좀 더 구체적으로 궁금해하는 질문들이 주어지면 그에 대해서 교회 역사와 현대 문화를 고려하며 오늘날 예배를 더욱 분명하게 갱신하고 의미 있게 참여하는 방안에 대해서 나누도록 하겠습니다.

함 께 생 각 해 볼 질 문

1. 예배 참여와 예배 경험에서 내가 가지고 있는 가장 중요한 질문은 무엇입니까?

2. 공동체 예배에서 경험해야 할 가장 중요한 것(들)은 무엇이라고 생각합니까?

3. 그러한 예배 경험을 위해서 현재 자신이 속한 예배 공동체가 잘하고 있는 것은 무엇이며, 새롭게 발전시켜야 할 영역은 무엇입니까?

Question
02

"저는 어려서부터 감리교단에 속한 교회 공동체에서 예배하며 자랐습니다. 대학 시절 새로운 도시에 와서 친구와 함께 찾아간 교회는 장로교였습니다. 그리고 지금은 직장 생활을 위해서 새로운 지역으로 왔는데 제가 참여하는 예배 공동체가 어떤 교단에 속해 있는지는 알 수 없지만 이전에 예배하던 공동체들과 별로 다르지 않습니다. 제 경험에 따르면 서로 다른 교단에 속한 공동체의 예배 모습이 각기 별로 다르지 않은데 이것은 무엇을 의미하나요? 오늘날 우리가 참여하는 예배에서 더 이상 교단적 차이는 중요하지 않은 것인가요? 대부분 유사하게 진행되는 현대 예배의 모습을 어떻게 이해해야 하나요?"

현대 복음주의 예배의
기원과 영향

오늘날 예배 경험에서 드러나는 가장 중요한 특징 가운데 하나는 바로 신앙고백과 실천의 차이입니다. 세례를 받고 성경 공부나 교리 공부를 할 때는 특정한 교단적 가르침의 특징이 잘 드러나는데 장로교인, 감리교인, 성결교인, 침례교인, 순복음교인 등과 같은 정체성을 쉽게 찾을 수 있고 발견하게 됩니다. 그런데 예배에서는 특정 교단과 관련한 그러한 신앙고백의 독특성을 찾기가 어렵습니다. 서로 다른 신앙 전통을 고백하고 강조하면서도 실제 예배에서는 그러한 독특성을 잘 드러내거나 표현하지 않기 때문입니다. 더구나 오늘날의 예배는 교단적 특징보다는 예배자들의 적극적인 참여와 반응을 이끄는 데 더 관심을 갖습니다. 새로운 방식의 예배를 시도할 때, 그 예배 공동체가 속한 교단이나 신학적 전통보다는 외적으로 드러나는 예배 스타일과 그 예배에 참여하는 이들의 모습과 반응에 더 집중하기 때문입니다.

교단적 독특성과 상관없이 현대 예배자들이 쉽게 접하고 친숙하게 참여하는 예배 방식은 다음과 같이 매우 간략하게 요약할 수 있습니다. (1) 예배 참여자들로 하여금 하나님을 향한 마음을 준비시키고 말씀을 잘 들을 수 있도록 하는 찬양, (2) 준비된 자들의 마음에 복음의 메시지를 전하는 설교, (3) 말씀을 들은 후 그리스도를 향한 새로운 결단과 고백을 하는 시간으로 구성됩니다. 이러한 삼중 구조로 이루어진 예배는 구체적으로는 차이가 있을지라도 대부분의 현대 예배자들에게 익숙한 방식입니다. 찬양과 함께 광고나 드라마 또는 특별 순서로 구성되는 문화적 표현들을 추가하기도 합니다. 말씀을 전하는 설교는 대부분의 예배에서 핵심이자 중심을 차지합니다. 복음을 전하는 말씀에 대한 반응으로 그리스도를 영접하거나 그리스도를 향한 새로운 결단을 하는 것은 구체적인 표현 방식에 차이가 있을지라도 대부분의 예배에서 포함시키는 요소입니다.

이러한 삼중 구조(음악-말씀-반응)의 예배 방식은 초대 교회로부터 발전한 사중 구조의 예배 방식과는 차이가 있습니다. 초대 교회의 구체적인 예배 방식을 하나의 일관된 모습으로 정리할 수는 없지만, 대부분 예배들은 (1) 말씀, (2) 기도(음악), (3) 세례(정결 의식), (4) 성찬의 구조로 이루어졌습니다. 구체적인 순서는 서로 다르지만 초대 교회와 중세 교회 그리고 종교개혁 시대에 이르기까지 이 네 가지 요소들이 예배의 핵심 구성 요소였습니다. 이러한 전통적인 예배 구성 요소를 현대 예배 구성 요소와 비교할 때 가장 큰 특징은 성찬이 예배에서 빠진 것과 예배와 관련한 세례의 기능이 다른 것입니다. 전통적으로 예배는 세례자들을 세우기 위해서 가르침을 포함시켰습니다. 그러나 현대 교회는 세례보다는 회심 자체를 더 중요하게 여기고, 예배와 세례의 연결을 분명하게 발전시키지 못했습니다.

현대 예배자들에게 친숙한 삼중 구조의 예배 방식은 어느 특정한 교단에 의해서 발전한 것이 아닙니다. 특정한 신학적 입장에서 새롭게 발전시킨 방식도 아닙니다. 초대 교회나 종교개혁 또는 근대 유럽 교회의 예배를 현대적으로 계승한 것으로 보기도 어렵습니다. 현대 예배자들에게 친숙한 이러한 삼중 구조의 예배 방식은 18세기와 19세기 북미의 대각성 운동에서 비롯된 것입니다. 특히 제2차 대각성 운동(the Second Great Awakening, 1795-1835) 기간에 가장 큰 영향을 미쳤던 찰스 피니(Charles Finney)의 복음 전도 집회는 오늘날 현대 복음주의 예배 방식에 결정적인 영향을 미쳤습니다. 피니는 복음 전도를 위해서 회심을 자신의 사역의 중심 과제로 삼았습니다. 그는 회심을 위해서 어떤 방식도 정당화했으며 회심자들을 이끌어 내는 가장 적합한 방식으로 이른바 복음을 듣기 위해 준비시키는 음악, 복음 메시지를 전하는 설교, 개인적으로 그리스도를 위해 결단하는 반응이라는 삼중 구조의 예배 방식을 발전시켰습니다.

피니에 의해서 발전한 음악과 설교 그리고 반응이라는 삼중 구조의 예배 방식은 이후 빌리 그래함(Billy Graham)과 빌 하이벨스(Bill Hybels)가 진행하는 북미의 대형 전도 집회와 구도자 예배의 전형이 되었습니다. 특히 1980년대에 이르러서는 경배와 찬양 중심의 예배 방식과 함께 북미 예배의 주도적 형태로서 자리를 잡았습니다. 이러한 예배 방식은 교단적 특징이나 신학적 정체성을 드러내기보다는 예배를 통한 회심과 전도 그리고 교회 성장이라는 측면에 더욱 비중을 두었습니다. 한국 교회의 예배는 대각성 운동의 영향을 받았던 선교사들에 의해 구체화되었습니다. 선교사들의 직접적인 과제인 복음 전도와 회심이라는 주제에 부합한 예배는 전통과 예전의 방식보다는 피니가 발전시킨 삼중 구조 방식을 따르는 것이었습니다. 그래서 한국 교회의 예배는 전통과 예전보다는 회심과 전도라는 측면에 더 많은 비중을 두며 발전하기 시작했습니다. 그 후 교회 성장의 정점을 이루었던 1980년대와 1990년대 초반에는 북미의 초대형 교회 예배를 답습하기까지 했습니다. 특히 구도자 집회를 선도했던 윌로우크릭교회를 방문하고 그들의 예배를 접하면서 그러한 모임을 한국 교회의 예배에 적용하기 시작했습니다.

예배의 실천을 전도와 교회 성장과 연결시켰던 한국 교회 지도자들의 관심은 구도자 집회를 보면서 더욱 활성화되었습니다. 수많은 회심자들과의 접촉점을 갖고 전도하며 교회를 성장시킬 수 있는 대안으로 예배를 이해하고 실천했습니다. 그런데 윌로우크릭교회의 경우 구도자 집회는 신앙인들이 모여서 드리는 예배가 아니라 주말과 주일에 실천한 전도 집회였습니다. 이러한 집회에 참여하고 관찰한 대부분의 목회자들은 주말과 주일에 실천한 구도자 집회를 신앙인들의 예배와 혼동했습니다. 그래서 주일 예배를 과감하게 구도자 집회 방식으로 전환했습니다. 오늘날 음악과 설교 그리고 설교 이후의 반응을 중심으로 구성되는 주일 예배들은 오래전 발전한 피니의 예배 방식과 현대에 정착된 빌 하이벨스의 구도자 집회의 적용이라고 볼 수 있습니다. 이러한 영향은 교회 성장을 이끌어 낼 수 있는 가장 적합한 예배 방식 또는 스타일이 무엇인지에 대한 질문을 계속하게 만들고 있습니다.

이러한 음악, 설교, 반응이라는 삼중 구조 예배는 이제 현대 복음주의 기독교인들에게 가장 친숙하고도 일반적인 방식으로 정착되었습니다. 비록 신앙고백과 교리를 통해서는 특정 교단의 성격과 정체성을 드러내지만, 예배의 구체적인 실천을 통해서는 교단적 차이나 독특성을 드러내지 않습니다. 넓은 의미의 복음주의 신앙고백을 하는 많은 한국 교회의 예배 공동체들은 비록 교단이 서로 다르지만 예배의 방식은 큰 차이가 없습니다. 물론 교단별로 예배가 서로 달라야 하는 것은 아닙니다. 소속된 교단이나 신앙고백의 차이에도 불구하고 예배 구조와 방식 그리고 실천에 서로 큰 차이가 없는 것은 중요한 의미를 지닙니다.

우선 현대 예배는 신앙고백의 정확한 표현보다는 회심과 전도라는 교회 성장과 관련한 구체적이고 실용적인 측면을 강조하고 있습니다. 현대 교회의 예배를 결정하는 가장 중요한 요인은 하나님에 대한 이해와 공동체의 신앙적 표현이라기보다는 많은 사람들을 하나님께로 이끌어 반응하게 하는 회심과 전도 그리고 교회 성장에 있습니다. 그래서 예배가 하나님의 존재와 구원 역사에 대한 선포와 고백보다는 예배자들의 마음이나 만족 여부에 따라서 결정될 수 있습니다. 이런 경우 예배의 모든 구성과 진행은 예배자들이 얼마나 매력을 느끼는가 하는 것에 집중하게 되어 상대적으로 하나님을 향해서 얼마나 정확하고 적실성 있는 신앙고백과 표현을 하느냐에 대한 기준을 간과하게 됩니다. 따라서 음악과 설교 그리고 반응이라는 삼중 구조의 예배를 실천할 때 예배자들이 하나님을 어떻게 이해하고 하나님의 구원 역사와 삶의 주인 되심을 바르게 인정하는 표현과 내용을 의도적으로 드러내는 것이 필요합니다. 또한 음악, 설교, 반응으로 요약되는 현대 예배의 단순화된 구조와 방식을 단순히 실용주의적 특징을 지닌 것으로 비판하는 것은 적절하지 않습니다. 비록 초대 교회부터 발전한 더욱 풍부한 기독교 예배 방식을 축소시키고 전도와 교회 성장이라는 측면으로 제한시킨 것은 사실이지만, 기독교 예배 공동체를 하나로 연결하는 공동체적인 측면에서는 긍정적인 기여를 하고 있습니다.

   기독교 예배의 역사를 보면 19세기와 20세기 초반까지는 교단에 따라서 예배의 특징을 분명히 구별했습니다. 그런데 20세기에 들어와서 예배의 현상과 실천을 통해서는 교단적 구분을 하기가 어려워졌습니다. 비록 전통과 유산에 관해서는 구체적으로 서로 다르지만 하나님을 예배하는 방식에 있어서 새로운 연합을 가능하게 했습니다. 그런데 이것은 연합의 측면보다는 다양성의 측면으로 보는 것이 더욱 바람직합니다. 예배 공동체는 서로 다른 예배 공동체들의 예배 방식과 표현을 통해서 하나님을 예배하는 방식의 다양성을 배울 수 있습니다. 실제로 하나님을 예배하는 창의적이고 아름다운 방식들을 자신의 예배에 적용하려 할 때, 교단과 신학적 질문을 우선하기보다는 새롭고 풍요로운 방식의 가치와 의미를 묻습니다. 이런 점에서 교리적으로 신앙고백의 차이를 보이지만 예배의 실천에 장로교, 성결교, 침례교, 감리교와 같은 서로 다른 교단의 전통들이 서로에게 긍정적인 영향을 미칠 수 있습니다. 특히 한국 교회의 경우 오래전부터 교단적 차이에도 불구하고 찬송가를 공동으로 사용했습니다. 이와 같이 현대 복음주의 예배를 다양성을 실천할 수 있는 기회로 볼 수도 있습니다.

함 께 생 각 해 볼 질 문

1. 복음 전도를 위해서 발전한 예배의 삼중구조(음악-설교-반응) 방식이 자신이 속한 공동체 예배에 얼마나 그리고 어떻게 나타나고 있습니까?

2. 보편적인 예배 방식으로 정착된 '음악, 설교 그리고 그에 대한 반응'으로서의 구성 방식이 지닌 기여와 한계는 각각 무엇이라고 생각합니까?

3. 자신이 속한 공동체의 예배를 전도와 성장을 추구하는 방식에서 신앙고백의 표현 방식으로 전환하기 위해서 고려하고 실천해야 할 부분은 무엇입니까?

History of Worship

Question
03

"새로운 스타일의 예배를 지향하는 우리 시대에 과거 예배 전통이 지니는 의미는 무엇입니까? 우리에게 필요한 것은 역사가 아니라 미래를 예측하고 그에 부합하는 예배 스타일과 방식을 개발하는 것이 아닌가요? 만약 예배 역사를 이해하는 것이 오늘날 예배 갱신에 필요한 것이라면 무엇을 어떻게 이해해야 하나요?"

예배 역사에서 배우는 예배 갱신의 방향과 실천

오늘날 예배자들이 가지는 가장 중요한 관심 가운데 하나는 새로운 스타일과 방식의 예배를 실천하는 것입니다. 물론 새로움 자체에 대해서 부정적으로 이해할 필요는 없습니다. 그러나 이러한 새로움에 대한 추구가 단지 문화 현상의 반영이 되지 않도록 노력해야 합니다. 오늘날은 새로운 모델의 스마트폰, 가장 최신형 태블릿, 만족도가 가장 높은 자동차, 가장 선호하는 주택 및 거주 조건 등 이른바 삶에 총체적으로 '신상(새로운 상품)'에 대한 높은 관심을 보이며 집중하고 있습니다. 이러한 문화적 현상과 흐름을 예배에도 무의식적으로 적용하게 되면 단순히 새로운 것을 보여 주는 예배가 최고의 예배라는 생각을 갖게 됩니다. 예배가 문화와 밀접한 관계를 갖고 영향을 받거나 주기도 하지만, 나름의 독특성을 지니고 있다는 것을 기억해야 합니다.

예배는 새로워지는 것 자체보다는 갱신(renewal)하는 데 더 관심을 갖습니다. 예배 갱신의 목표 가운데 하나는 예배자들이 더욱 의식적이고 적극적이며 예배에 풍성하게 참여하고 하나님의 임재를 경험하게 하는 것입니다. 이러한 예배 갱신의 노력과 실천에서 가장 눈에 띄는 노력은 새로운 스타일과 방식을 소개하고 실천하는 것입니다. 새로운 스타일과 방식이 주목받게 하고 호감도나 관심을 높이는 것만큼은 분명합니다. 그런데 예배의 갱신은 단지 새로워지는 것만을 뜻하는 것이 아니라, 예배의 의미를 오늘날 우리에게 가장 적절한 방식으로 구현하고 실천하기 위한 변화를 뜻합니다. 전통적으로 의미를 지니고 실천해 온 예배가 지금 우리 시대에도 그 의미를 상실하지 않도록 지속적으로 실천하는 노력을 뜻합니다. 곧 갱신은 완전히 새로워지는 것을 의미하는 것이 아니라 그 의미와 기능을 지속적으로 효력 있게 하는 것을 의미합니다.

  예를 들어, 운전면허증을 갱신하는 것은 그 의미를 쉽게 알 수 있습니다. 면허증을 처음 발급받고 나서 일정한 시간이 지나면 갱신해야 합니다. 이때 면허증의 모양만 새롭게 바뀌는 것을 갱신이라 하지 않고, 면허의 기능을 지속적으로 수행할 수 있는 자격과 능력을 확인하여 그 효력을 지속하게 하는 것을 갱신이라 합니다. 이와 같이 새로운 모양의 면허증을 다시 발급받는 것이 아니라, 시간이 흘러도 앞을 보고 핸들을 잡고서 제대로 운전할 수 있는지를 확인하고 운전하는 자격을 다시 부여하는 것이 면허 갱신입니다. 이처럼 예배의 갱신은 단지 새로움 그 자체를 소개하고 실천하는 것이 아니라, 예배의 의미와 기능을 오늘날 변화하는 시대에 적합하게 그 효력을 인정하는 의도적인 노력이라 할 수 있습니다.

이러한 예배 갱신을 위해서는 기본적으로 두 가지 노력이 필요합니다. 하나는 역사적으로 발전해 온 예배의 의미와 역할을 정확히 이해하는 것이고, 다른 하나는 그것을 변화하는 시대에 적합하게 실현하기 위해서 우리 시대의 문화를 민감하게 수용하는 것입니다. 만약 이러한 균형 잡힌 노력을 하지 않으면, 예배 갱신과 관련한 다음의 두 가지 양극단에 치우치게 됩니다.

하나는 예배의 변화에 대한 의미를 상실한 채 과거의 특정한 예배가 오늘날의 규범이자 따라야 할 모범이라고 보는 고고학적 답습에 빠지는 현상입니다. 흔히 초대 교회의 예배가 우리 시대의 예배가 따라야 할 원형이라고 말하곤 합니다. 설득력 있는 주장이지만 초대 교회의 예배 자체를 복원하는 것이 과제가 아니라, 초대 교회 예배의 원리와 정신을 우리 시대에 정확히 실천하는 것이 더 필요한 일입니다. 종교개혁 시대의 예배가 오늘날 교회 예배의 규범이 되는 것이 아니라, 그 시대의 예배가 중세 교회 예배에 대한 반작용으로 개혁한 것임을 이해하고 그 원리를 우리 시대 상황에 맞게 적용하는 것이 더욱 필요합니다. 1980년대 미국 교회를 주목시켰던 경배와 찬양의 예배 스타일이나 구도자 예배와 같은 형식의 예배가 오늘날 한국 교회에 그대로 이식할 수 있는 예배의 원형이 아니라, 문화적 수용과 회중의 기대 속에서 발전한 예배를 한국 교회 성도들의 영성 형성과 관련해서 깊이 고찰한 후 적절하게 적용하는 노력이 필요합니다.

이러한 고고학적 답습과 함께 또 한 가지 극단적인 갱신 현상은 과거의 전통과 역사에서 전해져 온 가치를 모두 무시하고 임의로 새로운 원리와 방식을 수용해서 예배에 실천할 수 있다는 낭만주의적 기대에 사로잡히는 현상입니다. 이는 전통은 과거에만 의미가 있었을 뿐 오늘날 우리들에게는 직접적으로 의미하는 바가 없다는 입장을 예배에 적용하는 것입니다. 창의성과 문화적 동화(cultural assimilation)에 대한 극단적인 강조를 예배에 실천하는 것입니다. 예를 들어, 충분히 가능한 여건임에도 불구하고 회중의 예배를 위해서 전통적 의미의 예배 공간에 대한 이해와 적용을 거부하는 것을 말합니다. 구약 시대부터 연속성을 지니고 실천해 온 기도 방식을 간과한 채 회중의 표현 방식을 인정하는 것을 말합니다. 기존 예배 음악에 대한 실천과 수용을 부적합한 것으로 간주하고 자신에게 익숙한 음악 장르를 비평적 고찰 없이 찬양으로 사용하는 것을 말합니다. 또 전통적으로 주어진 시각적 이미지에 대한 예배에서의 역할을 무시하고 임의로 사용하는 것을 말합니다. 그러나 기독교 예배는 단지 과거를 복원하는 것도 아니고, 동시에 새로운 것만을 시도하는 것도 아닙니다. 과거의 전통과 현재의 문화를 지금 주어진 각 예배 공동체에서 가장 지혜롭게 선택하고 통합하는 노력이 필요합니다.

예배 갱신을 위한 과거의 전통과 현대 문화의 통합을 위해서 우선 고려할 것은 예배가 지닌 독특한 논리 방식입니다. 예배 자체가 지닌 논리에 대한 이해 없이 예배 갱신을 시도하게 되면, 위에서 언급한 문화적 동화 현상에 쉽게 빠지게 됩니다. 우리 시대의 문화가 의도적으로 또는 삶의 방식을 통해서 가르치는 가치를 비평적 고찰 없이 쉽게 예배에 적용하게 됩니다. 이것은 단지 첨단 기술 장비를 사용하거나 새로운 기술을 예배에 도입하는 쇄신을 뜻하는 것이 아니라 그 이상을 의미합니다. 즉, 공연과 관람 위주의 문화에 익숙한 사람들을 위해서 예배를 단지 공연하는 정도로 전환하거나 삶의 필요에 만족을 추구하는 세상의 가치를 예배의 원리와 목적에 아무런 비평 없이 연결해서 적용하는 것을 뜻합니다. 좀 지나친 비약일 수도 있지만 마치 문화의 핵심인 TV방송에서 시청률에 비중을 두는 것처럼 기독교 예배 역시 호감도와 참여율로 모든 것을 판단하는 실용주의적 현상이 드러나고 있습니다. 이러한 문화적 동화에 근거한 예배 갱신은 새로움 자체에 강조를 두고 변화를 이끌어 낼 수 있지만 예배의 의미를 구현하는 실천과 관련해서는 위험한 현상입니다.

   예배의 논리를 파악하는 것은 문화에 대한 이해와 수용과 함께 예배에 대한 성경적, 신학적 확신과 교회 역사에서 나타난 실천에 대한 고찰을 통해서 할 수 있습니다. 기독교 예배에 대한 성경적 신학적 연구는 대부분 예배에 대한 '이해'에 집중합니다. 그런데 기독교 예배의 역사에 대한 연구는 예배를 어떻게 이해했는가보다는 어떻게 실천했는지에 더 초점을 두고 연구하는 작업입니다. 실제로 예배를 실천한 방식과 내용을 통해서 그것이 지닌 의미를 이끌어 내고, 그러한 실천이 하나님에 대한 이해와 이웃을 향한 삶의 방식에 어떤 의미가 있고 어떤 역할을 하는지 확인하는 것을 뜻합니다. 그런데 실제로 과거의 예배 방식을 구체적으로 확인하는 일은 생각보다 어렵고 복잡합니다. 특히 '예배 모범'을 사용하여 예배하지 않은 초대 교회와 근대 이후 자유교회의 예배들을 파악하는 일은 더욱 복잡합니다. 물론 '예배 모범'을 따라 예배한 중세 교회와 영국 성공회, 그리고 동방교회 같은 전통을 따라서 예배하는 경우도 엄밀한 의미에서 모두 똑같은 방식으로 예배를 실천했다고 보기 어려울 정도로 예배의 실천은 매우 다양하고 복잡한 모습으로 발전해 왔습니다.

예배의 구체적인 실천 방식이 복잡하더라도 그것을 파악하는 것이 절대로 불가능하거나 어려운 것은 아닙니다. 왜냐하면 예배가 실천된 구체적인 방식을 지배해 오던 논리가 있기 때문입니다. 이것은 하나님을 예배하는 것이 인간이 자율적으로 선택해서 결정하거나 스스로 원하는 방식에 맞추어 조합한 것이 아니라, 하나님이 허락하시는 방식에 참여하는 모습으로 진행해 왔기 때문입니다. 그런데 하나님은 예배와 관련해서 구체적인 방식을 획일적으로 실천할 것을 요구하시지 않고 예배자들에게 성령을 통해서 분별력을 허락하는 방식으로 구체적인 방식을 결정하도록 허용하셨습니다. 기독교 예배가 지난 2000여 년 동안 서로 다른 다양한 방식으로 실천되어 왔지만, 그 구체적인 차이에도 불구하고 시대와 장소를 넘어서서 동일한 원리와 가치를 지향하는 것은 그것이 인간의 일이 아니라 인간을 위한 하나님의 일이기 때문에 그렇습니다.

결국 예배의 역사를 이해하는 것은 하나님이 주권적으로 이끄시는 예배에 각각의 시대와 서로 다른 장소에서 그것을 어떻게 받아들이고 이해하고 참여했는지를 살펴보는 것을 뜻합니다. 따라서 어느 한 시대의 구체적인 한 장소에서 실천된 예배가 오늘날 모든 상황에서 받아들여야 할 기독교 예배의 모범이라고 간주하는 것은 역사적으로 바람직한 태도가 아닙니다. 반대로 어느 특정한 시대와 장소에서 실천된 예배를 역사적 상황을 고려하지 않은 채 일방적으로 무시하거나 매도하는 것도 바람직하지 않습니다. 이러한 양극단의 태도를 넘어서서 오늘날 예배 갱신을 위해 예배 실천의 역사에 접근하려면 구체적으로 몇 가지 방법을 사용할 수 있습니다.

첫 번째는, 예배의 구조와 현상을 구분해서 이해하는 것입니다. 예배는 기본적으로 하나님과의 대화 방식으로서의 기본 구조를 지닙니다. 그러나 그 구조는 시대와 장소에 따라서 서로 다른 현상으로 드러났습니다. 초대 교회와 중세 교회 그리고 근대 교회와 오늘날의 교회들이 각각 드러낸 현상을 살펴보는 것이 역사적 고찰에서 가장 중요한 과제입니다. 두 번째는, 예배의 서로 다른 실천에 직접적인 영향을 미치는 상황을 확인하고 파악하는 것입니다. 예배는 예배 참여자들의 상황과 문화를 반영합니다. 즉, 예배자들이 처한 삶의 문제와 환경 그리고 익숙한 삶의 방식을 예배 안에 가져가서 그것들을 통해 예배하게 됩니다. 예배자들의 상황과 삶의 방식이 예배를 통해서 어떻게 반영되는지를 살펴보는 것이 중요한 과제입니다. 마지막으로,

예배가 예배자들의 삶을 어떻게 형성하는지를 살펴보는 것입니다. 예배는 하나님을 향해서 무엇인가를 표현하는 것일 뿐만 아니라, 예배자의 삶의 방식을 형성하고 결정하는 역할도 합니다. 이는 곧 예배가 지닌 문화적 기능을 의미합니다. 각기 다른 시대의 예배 실천이 당시 예배자들의 삶에 어떤 방식으로 영향을 미쳤는지 살펴보는 것이 예배 역사를 연구하는 중요한 과제입니다. 이러한 관점에서 예배의 역사를 살펴보고 그 안에 담긴 갱신의 원리를 찾아야 합니다.

함 께 생 각 해 볼 질 문

1. 예배에서 반드시 포함시켜야 할 요소들은 무엇이며, 선택 가능한 요소들은 무엇이라고 생각합니까?

2. 자신이 속한 공동체 예배는 전통적 요소들을 선호합니까, 아니면 새로운 문화적 수용을 더 추구합니까? 둘 사이의 균형을 위해서 어떻게 노력하고 있습니까?

3. 좀 더 '의식적이고 적극적이며 풍성하게(conscious, active and full)' 참여하는 예배를 위해서 자신의 공동체가 실천할 수 있는 노력은 무엇일까요?

Question
04

"오늘날 기독교 예배에서 전통에 대한 새로운 관심과 적용에 많은 관심을 갖고 있습니다. 그런데 예배의 전통은 교단 그리고 신학적 전통과 연결되어 있어서 생각보다 복잡한 듯합니다. 예배에서 전통에 대해 이해하려고 할 때 무엇을 어떻게 이해해야 하나요? 또 예배 전통에 대한 이해를 오늘날 예배 갱신을 위해 연결 지을 때 무엇을 고려하고 실천해야 하나요?"

예배 전통에 대한
새로운 이해와 해석 그리고 적용

기독교 예배와 관련해서 전통에 대한 새로운 관심을 갖게 된 것은 일종의 역사적 반작용과도 같습니다. 곧 친문화 또는 문화적 동화를 강조하는 예배 현상에 대한 새로운 반응이라고 볼 수 있습니다. 1960년대 초반에 시작된 '예배 갱신 운동(liturgical renewal movement)'의 특징 가운데 하나는 문화에 대한 적극적인 수용입니다. 예배에 현실 문화를 최대한 수용하고 예배자들의 문화를 반영하기 위해 노력했습니다. 이러한 노력으로 인해서 예배는 급격한 변화를 경험하게 되었고, 이전의 어느 시대보다 빠르게 새로운 형태와 모습의 예배들이 개발되고 실천되었습니다. 경배와 찬양, 구도자 집회, 예술의 적극적인 활용 및 다양한 장소(창고, 카페, 강당 등)와 방식으로 진행되는 새로운 형태의 예배들이 오늘날까지 활성화되고 있습니다.

이러한 예배 갱신의 노력들은 예배자들로 하여금 하나님을 더욱 깊이 예배하게 하고 예배에 대한 관심과 호감을 높였으며, 전도와 교회 성장이라는 결과까지 얻게 했습니다. 그런데 최근 예배에서의 이러한 문화적 수용에 대한 비평적 고찰이 새롭게 나오고 있습니다. 비록 예배에서 문화를 수용하는 것이 중요하지만, 전통을 배제하는 것은 예배의 정통성을 상실하게 한다는 것입니다. 예배는 인간의 창조물이나 공연이 아니라 하나님과 교회 전통을 통해서 주어진 유산이며, 그것이 지닌 가치와 의미를 상실해서는 안 된다는 주장이 제기된 것입니다.

이러한 전통에 대한 가치를 복원하고 오늘날 예배에 균형 있게 조화시키려는 노력은 이미 보편화된 주장으로 전개되고 있습니다. 로마 가톨릭교회의 경우 1960년대 초반부터 시작된 예배의 문화적 동화 현상에 대해 새로운 평가를 하고, 가톨릭 전통의 순전한 보전과 실천에 다시 관심을 기울이기 시작했습니다. 많은 기독교 교단들 역시 예배를 갱신하는 방법으로 새로운 예배 스타일을 개발하기보다는 전통에 대한 관심을 구체화시키고 있습니다. 예를 들어, 오랜 시간 사용해 오던 '예배 모범'을 복원해서 다시 보급하거나, 교단적 전통의 원형을 찾아서 그것을 현대화하려는 노력을 활성화하고 있습니다. 아울러 문화에 민감한 새로운 세대 역시 예배에서 전통에 대한 관심을 나타내고 있습니다. 예배가 현대 문화에 동조되면 예배가 지닌 독특성과 현대 문화 사이에 아무런 차이가 없기 때문에 굳이 문화에서 경험할 수 있는 것을 예배에서 경험할 필요가 없다는 의문을 갖기 시작했습니다. 그래서 오늘날 새로운 세대는 문화와 구별된 전통 자체에 더욱 관심을 갖고 그것을 예배에서 경험하기 위해 노력하고 있습니다.

　이러한 전통에 대한 가치를 현대 예배에서 확인할 뿐만 아니라 구체적으로 실천할 수 있는 다양한 방안을 제시한 대표적인 인물이 바로 로버트 웨버(Robert Webber, 1933-2007)입니다. 약 8년 전 안타깝게도 췌장암으로 세상을 떠나기 전까지 웨버는 기독교 예배의 전통과 현대 문화 사이의 통합을 위해서 노력하고 가장 큰 기여를 한 대표적인 복음주의 역사학자이자 예배학자입니다. 그는 현대 사회의 세속주의와 이슬람의 강력한 도전에 무기력해지는 현대 기독교에 대한 새로운 대안을 예배를 통해서 제시하려고 노력했습니다. 기독교 전통의 가치와 유산을 복원할 뿐만 아니라 그것을 현대 문화에 가장 적합하게 구현하는 예배를 실천하기 위해서 단지 혼합하는 것이 아니라 균형 있고 적실성 있게 통합하는 방식의 예배(convergent worship)를 제시했습니다. 웨버의 전통과 현대 문화의 균형 있는 통합은 복음주의 기독교 예배 전체에 상당한 영향을 미쳤습니다. 오늘날 많은 교회들이 균형을 강조하며 기독교 전통의 가치와 현대 문화의 유연성 있는 수용을 통해서 예배를 갱신한다는 다소 애매한 원칙을 따르는 것은 바로 웨버의 영향 때문이라 볼 수 있습니다.

　그런데 우리는 웨버가 강조하고 노력한 전통과 문화의 균형 있는 조합과 실천이라는 다소 이상적인 원칙을 예배에서 실천하려 할 때 한 가지 생각해야 할 것이 있습니다. 웨버의 이상은 예배의 자유 시대에 일정한 방향과 원칙을 주고 있지만, 실제적으로 한 가지 중요한 측면을 더 고찰해야 하는 과제를 남겼습니다. 바로 기독교 예배의 전통이라는 표현에서 '전통'의 의미를 다시 생각해야 하는 것입니다. 예배와 관련해서 전통에 대한 이해가 모두 동일하지 않고 교단과 교회 공동체별로 서로 다르기 때문입니다. 웨버의 경우 기독교가 가장 찬란하게 유산을 남긴 시기를 4세기로 간주합니다. 그 시대의 예배 전통이 오늘날 현대 교회에 통합시킬 전통의 대상입니다. 그러나 4세기 기독교 예배의 전통을 일반화시킬 수 있는 원리는 역사적 엄밀성에 근거해서 회의를 갖게 합니다. 그 당시의 예배 공간, 예배 월력의 사용, 예배 음악의 발전 등이 중요한 유산이자 전통이 될 수 있지만 당시 4세기의 모든 교회들이 똑같이 예배를 실천했다고 보기는 어렵습니다.

또 종교개혁의 전통을 따르는 많은 예배 공동체들은 초대 교회를 전통으로 간주하기도 합니다. 최근에는 16세기 종교개혁 예배를 전통의 원형으로 간주하기도 합니다. 그러나 16세기 종교개혁 예배도 교단별, 지역별로 서로 다릅니다. 17, 18세기 영국 자유교회의 예배들도 북미와 한국 예배의 전통이 되어 왔지만 그것을 의식적으로나 체계적으로 받아들이지는 않았습니다. 좀 더 최근인 20세기 중반에는 프론티어(Frontier Worship) 예배를 기원으로 하는 구도자 전도 집회가 실제적으로 많은 한국 교회의 예배 전통이 되었는데 이러한 현상에 대한 비평적인 평가를 하기도 전에 다시 다른 전통을 통합해야 하는 현실적인 과제가 주어졌습니다.

이러한 전통에 대한 복잡한 이해와 역사적인 흐름을 받아들이는 것이 전통의 가치를 상실하게 하거나 없애지는 않습니다. 우리에게 필요한 것은 전통을 이해하는 새로운 방식입니다. 예배와 관련해서 가장 자연스럽게 받아들이는 전통에 대한 구분은 크게 두 가지입니다. 하나는, 시대적으로 구분해서 예배의 실천과 거기에 담긴 의미를 찾아내는 것입니다. 초대 교회, 중세 교회, 종교개혁 시대, 그리고 근현대 교회의 교회사적 구분을 예배 역사와 전통 이해에 자연스럽게 적용하는 것입니다. 그런데 이러한 구분은 같은 시대라도 서로 다른 지역에서 서로 다른 방식으로 예배했던 다양성에 대해 간과하기 쉽습니다. 다른 하나는, 예배 자체에 대한 역사적 구분을 특징별로 나누는 것입니다. 곧 예전적 또는 전통적 예배와 비예전적 또는 현대적 예배로 구분하는 것입니다. 이러한 구분은 시대적인 흐름과 예배의 특징을 좀 더 세분화하고 교단적인 특징을 잘 드러내는 구분법입니다. 영국 성공회와 루터교, 감리교의 경우는 비교적 예전적인 전통을 지니고 있고, 영국 청교도의 영향을 받은 복음주의와 오순절 교단들은 비교적 비예전적인 전통을 지니고 있으며, 개혁교회들은 예전과 비예전을 통합하는 중도적인 특징을 지니고 있습니다. 그런데 이러한 구분은 중세와 초대 교회에 대한 예배의 전통을 통합시켜서 이해하지 못하고 종교개혁 이후 근대와 현대 시대에 집중합니다. 따라서 전통을 좀 더 포괄적으로 이해하고 수용하기에는 한계가 있습니다.

이와 같이 예배에서 전통을 이해하는 것은 생각보다 복잡하고 어렵습니다. 이러한 어려움에도 불구하고 오늘날 예배의 이해와 실천을 위해서 전통을 이해하는 좀 더 새로운 접근법이 있는데 예배의 구조(structure)와 현상(phenomenon)을 구분해서 이해하는 것입니다. 예배는 초대 교회부터 오늘날에 이르기까지 교회 전통에서 형성된 분명한 구조가 있습니다. 그리고 그러한 구조를 유지하면서 시대에 맞게 독특한 현상을 드러냈습니다. 초대 교회부터 정해진 구조는 말씀과 성찬 중심의 예배에 음악과 기도를 포함시킨 것입니다. 이러한 구조는 시대별로 독특한 현상들로 나타났습니다. 초대 교회는 말씀과 성찬의 균형과 함께 기도와 음악을 조화롭게 실천했고, 중세 교회는 성찬과 기도가 강화된 현상에 음악이 새롭게 발전했습니다. 종교개혁 시대는 말씀 중심과 목회 기도의 새로운 예배 현상이 중세 교회의 반작용으로 주어졌고, 근대에는 더욱 세분화된 기독교 교단의 발전으로 인해서 훨씬 더 다양한 예배 현상들이 주어졌고, 그 가운데 가장 두드러진 현상은 예배에서 음악의 위치와 역할이 강화된 것입니다.

이와 같이 구조와 현상으로 구분해서 이해하는 예배 전통에 대한 새로운 해석은 현재 듀크 대학(Duke University)의 예배역사학자인 레스터 루스(Lester Ruth)에 의해서 명쾌하게 정리되었습니다. 루스는 예배를 전통과 현대라는 구분법으로 이해할 경우 실제적인 문제가 발생할 수 있다고 보았습니다. 아무리 현대적인 예배라도 전통 예배의 요소들(현대 리듬으로 변형된 전통 찬양이나 전통적 예배에서 사용되던 기도 방식들)을 포함하고 있으며, 동시에 아무리 전통적인 예배라도 현대 예배의 요소들(현대 예배 공간, 현대 음악 악기 사용, 마이크나 스크린과 같은 현대 문화 장비들의 사용 등)을 제거할 수 없기 때문입니다. 이러한 충돌을 해결하기 위해서 그가 제안한 것은 예배의 핵심인 하나님의 임재를 경험하기 위한 세 가지 구분법으로 전통적으로 실천된 예배를 이해하여 해석하고 오늘날 예배에 적용하는 것입니다. 첫 번째는, 하나님의 임재를 위해서 말씀, 성찬, 음악 중에서 어느 것에 중점을 두고 있는지를 확인하고 자신의 예배 공동체에 연결시키는 것입니다. 두 번째는, 예배의 내용면에서 하나님의 이야기가 강조되는지 아니면 인간의 이야기가 강조되는지에 대한 내러티브적 이해를 해 보고 둘 사이의 균형을 이루려고 하는 것입니다. 세 번째는, 공동 예배의 최소 단위로서 각 예배 공동체가 개별적인 측면을 강조하고 있는지 아니면 다른 공동체들과의 연결성을 인정하면서 같은 교단의 예배와 어느 정도 공통적인지를 이해하고 실천하는 것입니다.

　오늘날 예배는 순전한 의미로 전통적인 예배도 아니고, 동시에 현대적인 예배로 간주하기도 어렵습니다. 모든 예배는 기독교 역사의 전통에서 형성된 구조와 현상을 공유하고 있습니다. 다만 차이는 예배의 구조를 드러내는 현상에 있습니다. 지금까지 역사적으로 주어진 예배 현상들은 구조를 파괴하지 않았습니다. 교회 전통에서 주어진 구조를 각 예배 공동체의 문화와 현실에 적합하게 드러내는 데 집중한 결과로 또 하나의 전통을 만들어 내는 것입니다. 따라서 오늘날 현대 예배에서 전통을 수용할 때, 특정한 시대의 한 현상을 교회 예배의 전통으로 간주해서 받아들이는 것은 바람직한 노력으로 볼 수 없습니다. 또한 전통적으로 주어진 현상들의 다양한 가치들을 무시하고 단지 전혀 새로운 것을 새롭게 실천하는 것 또한 기독교 예배 전통의 가치를 저버리는 위험이 있습니다. 전통의 이해와 수용을 위해서 오늘날 예배 인도자에게 필요한 것은 예배자들이 하나님의 임재를 더욱 깊이 경험하고 하나님 앞에서 예배자로 살아가게 하기 위해서 예배 전통에 담긴 구조들을 목회적 분별력과 창조적 노력을 통해 자신의 공동체 안에서 새로운 현상으로 실천하는 것입니다.

함 께 생 각 해 볼 질 문

1. 예배에서 하나님의 임재를 경험하기 위해 말씀, 성찬, 음악 중에서 가장 중요하게 생각하는 구성 요소는 무엇이라고 생각합니까? 또한 무엇을 가장 간과한다고 생각합니까?

2. 자신이 속한 공동체의 예배가 하나님의 임재를 균형 있게 경험하기 위해서 말씀, 성찬 그리고 음악의 실천을 어떻게 구성하는 것이 필요하다고 봅니까?

3. 예배에서 하나님의 구원과 섭리 이야기 안에 각자 인간의 이야기를 통합시키기 위해서 설교, 기도 그리고 음악을 어떤 식으로 구성하고 실천할 수 있을까요?

Question
05

"오늘날의 기독교 예배는 초대 교회의 예배 모습과는 분명한 거리가 있습니다. 많은 사람들이 '초대 교회로 돌아가자, 초대 교회의 원리를 회복하자'고 주장하면서 초대 교회를 다시 회고하고 있습니다. 초대 교회의 예배 모습을 알 수 있는지, 알 수 있다면 어떤 모습인지 궁금합니다. 그리고 오늘날 기독교 예배에서 초대 교회의 원리를 발전시키고자 할 때 무엇을 어떻게 실천할 수 있는지 궁금합니다. 특히 시간적으로 그리스도의 가르침을 가장 가까이서 발전시켰던 2세기 교회 예배의 실천과 그 안에 담긴 의미들을 알고 싶습니다."

2세기의 기독교 예배:
제일 변증서(The First Apology)에 담긴 예배와 교훈

기독교 예배를 갱신하는 여러 원리와 방식들 가운데 가장 오래된 것은 역사적 접근입니다. 성경에서 가르치는 예배 원리를 찾고 오늘날 문화에 적합한 예배 방식을 제시하려는 노력은 역사적인 고찰을 통해서 더욱 풍성해질 수 있습니다. 예배를 역사적으로 살펴보는 것은 특정한 시대의 기독교 공동체에서 하나님을 예배한 실천을 구체적으로 파악하고 거기에 담긴 신앙의 표현 방식을 살펴보는 것입니다. 이러한 역사적 고찰을 통해서 무엇을 계속 발전시키고 자신의 공동체에 적합한 방식으로 새롭게 실천할 것인지를 살펴볼 수 있습니다. 기독교 예배는 예수 그리스도의 부활 이후 새로운 방식으로 정착했고 지난 20세기가 넘는 시간 동안 역사적으로 다양하게 발전해 왔습니다. 역사의 복잡성만큼이나 예배의 실천도 복잡하게 발전해 왔기 때문에 특정한 시대의 예배를 고찰하는 것은 생각보다 어렵습니다. 그렇다고 해서 역사적으로 실천해 온 예배들을 살펴보는 일이 불가능한 것은 아닙니다. 다양한 문헌들과 역사 관련 자료들이 초대 교회 공동체의 예배 모습을 살펴볼 수 있도록 도움을 줍니다.

오늘날의 다양한 예배 실천들은 오래된 기독교 역사의 뿌리에서 발전해 왔습니다. 성경에 기록된 초대 교회의 예배 모습을 제외하고 역사적으로 살펴볼 수 있는 가장 오래된 기독교 예배의 기록 가운데 하나는 순교자 저스티누스(Justinus)의 문헌에서 살펴볼 수 있습니다. 2세기 로마의 기독교 철학자였던 저스티누스는 교회 밖에 있는 사람들에게 기독교 신앙을 전달하기 위해서 변증서를 저술했습니다. 그가 쓴 '제일 변증서(The First Apology)'는 2세기 로마 교회 공동체들의 예배 모습을 담고 있습니다. 예배 모범이 아닌 변증서에 기록된 2세기 로마 교회의 예배는 이후 초대 교회 예배의 전형으로 간주되어 오고 있습니다. 특히 기독교가 로마의 공인을 받아 찬란한 유산으로 발전하기 시작한 4세기 이전의 초대 교회의 예배 모습을 제시하는 가치가 있습니다. 복음주의에 깊은 관심을 갖고 있는 초대 교회의 예배 유산은 4세기의 실천에 집중합니다. 로버트 웨버의 기여와 영향으로 인해서 초대 교회 예배를 생각할 때 대부분 4세기의 모습에 관심을 가집니다. 그러나 초대 교회의 예배는 그보다 이전인 2세기부터 기독교인들의 신앙을 담아 표현하며 발전했습니다.

순교자 저스티누스는 교회의 신앙과 실천을 다룬 제일 변증서의 마지막 7장에 기독교 예배에 대한 묘사를 포함시켰습니다. 변증서에 예배를 포함시킨 그의 주된 관심은 말 그대로 변증이었습니다. 당시 기독교 공동체 밖에 있던 사람들은 교회 공동체 안에서 실천하는 의식들에 대해서 궁금해하는 것을 넘어서 오해를 하고 있었습니다. 그들은 기독교 공동체를 당시 사회와 문화에 새롭게 등장한 종교 단체로 간주했습니다. 그리고 기독교인들이 실천한 예배를 밀실에서 즐기는 먹고 마시며 성적 쾌락을 도모하는 은밀한 모임일 뿐만 아니라 사람을 잡아먹는 비도덕적인 야만인들의 타락한 모임으로 오해했습니다. 이러한 오해를 하던 당시 사회를 향해서 저스티누스는 기독교 모임에서 실천하는 예배가 도덕적으로 건전할 뿐만 아니라 사회 곧 이웃 공동체를 향한 새로운 삶의 태도를 제시하는 하나님 나라의 구현 방식임을 설득하려 했습니다.

　이러한 저스티누스의 동기를 통해서 오늘날 우리들이 실천하는 예배를 새롭게 조명해 볼 수 있습니다. 우리의 예배가 다른 사람들에게 어떻게 비춰지고 있는지, 그들에게 어떤 의미인지 고려하지 않고 오직 자기 만족과 도취에 빠져 집중하는 것을 조심해야 합니다. 기독교 예배는 신앙을 가진 사람들이 참여하는 실천이지만 그 자체로 기독교 공동체 밖에 있는 이들을 향한 전도의 기회가 됩니다. 기독교 예배는 신앙인들만을 위한 은밀한 모임과 축제가 아니라 비기독교인들에게도 보여지고 제시되는 하나님 나라의 정당한 구현 방식이어야 합니다. 이런 점에서 우리가 실천하는 예배가 우리가 속한 공동체와 사회에 어떤 모습으로 제시되고 어떤 기여를 하고 있는지 깊이 반성하고 지속적으로 새로운 노력을 해야 합니다.

순교자 저스티누스가 자신의 변증서에서 표현하는 기독교 예배의 모습은 마지막 7장 67번의 항목에서 구체적으로 제시됩니다. 그는 2세기 로마 교회 교인들이 실천한 예배 방식을 제시하면서 한 가지 중요한 점을 먼저 언급하였는데 그것은 바로 교회의 공동체성입니다. 부유한 자들과 그렇지 않은 자들 모두가 차별 없이 한 공동체로 연합해서 한 장소에 모이는 것을 먼저 강조합니다. 그는 "일요일이라 불리는 날에 도시와 시골의 각처에서 살고 있는 모든 사람들이 함께 한 장소에 모이는 것(Bard Thompson, *The First Apology of Justine Martyr*, Liturgies of the Western Church, Fortress Press, 1980, p.9.)"을 예배의 시작으로 간주합니다. 함께 모이는 것, 곧 서로 다른 환경과 신분 그리고 지역에 거주하고 있지만 예배는 공동체의 행위라는 것을 강조합니다. 하나님을 향한 믿음의 반응으로서 예배는 처음부터 개인의 참여가 아니라 공동체의 연합함으로 이루어지고 진행되는 신앙의 표현입니다. '나의 만족과 나의 영적 필요를 충족시키는 행위'가 아니라 서로 다른 지체들과 같은 장소에서 같은 시간에 하나의 공동체로서의 연합을 강조하는 것입니다. 오늘날 예배에서 가장 시급하게 고려해야 할 부분이 바로 예배의 공동체성입니다. 하나로 연합된 공동체의 행위는 그리스도의 몸으로서 서로 연결된 다른 지체들과의 관계를 예배의 중요한 관심과 실천으로 간주합니다. 공동체성을 염두에 두지 않고 그것을 심각하게 고려하지 않는 예배는 대부분 개인의 만족 추구 곧 종교적 소비 행위에 집중하게 되고 결국은 삶의 변화를 상실한 위험한 종교 의식으로 전락하게 됩니다. 또한 예배에 속하지 않은 이웃과 사회에서는 그러한 예배에 관심을 기울이지 않을 뿐만 아니라 예배를 종교적 만족과 소비만을 추구하는 의식 정도로 오해하게 됩니다.

저스티누스의 변증서에 담긴 공동체성을 강조한 초대 로마 교회의 예배는 구체적으로 다음과 같습니다. 1) 성경 읽기 2) 설교 3) 기도 4) 성찬(봉헌, 축성, 분배) 5) 구제입니다. 성경 읽기는 사도들이 전한 복음의 내용을 기억하고 나누며 동시에 시간이 허락되는 대로 선지서들을 함께 읽는 것을 말합니다. 설교는 성경 읽기의 내용과 직접적인 관련이 없는 것으로 당시 설교자가 성도들을 향해서 권면하고 필요한 삶의 방식을 가르치는 내용을 포함시켰습니다. 기도는 모두 서서 했으며 설교 내용에 대한 반응으로 구약의 시편을 함께 고백하고, 예배 공동체에 속한 이들을 위한 중보 기도를 포함시켰습니다. 성찬은 성도들이 각자 준비한 빵과 포도주(당시에는 물을 섞은 포도주)를 사제에게 전달하는 봉헌(Offertory)과 그것들을 하나님을 향해 내어드리고 감사하는 사제의 축사(Consecration), 그리고 축사한 빵과 포도주를 집사들의 봉사로 다시 받아서 먹고 마시는 나눔(Communion)의 방식을 모두 포함했습니다. 그리고 나서 남은 음식들을 사제에게 맡기면 사제는 그것들을 교회 공동체 밖에 있는 고아와 과부들 그리고 필요한 이들에게 직접 찾아가 나누어주는 일(Almsgiving)을 했습니다.

2세기 로마 교회의 예배는 이후 모든 서방교회 예배의 전형이 되었습니다. 비록 그들이 의도하지 않았더라도 3세기와 4세기 그리고 중세와 종교개혁 이후 모든 예배들은 순교자 저스티누스가 제시한 로마 교회의 예배를 그 원형으로 삼았습니다. 이 예배를 간략히 설명하면 말씀과 성찬의 예배로 요약됩니다. 성경을 읽고 설교하는 말씀의 예배(the service of the Word)와 봉헌과 축사 그리고 나눔을 통해 진행되는 성찬의 예배(the service of the Table)로 정리할 수 있습니다. 이것을 좀 더 요약해서 기독교 예배의 원래 구조를 '말씀과 성찬(the Word and the Table)'으로 간주한 것입니다. 2세기 기독교 예배의 이러한 구조는 시대에 따라서 다르게 발전했습니다. 말씀을 강조하는 예배, 성찬을 강조하는 예배, 또는 기도를 강조하는 예배 등으로 각 시대에 따라서 다르게 발전했습니다.

 오늘날 교회 예배의 전형으로 간주되는 2세기 로마 교회의 예배는 우리들의 예배 실천과 관련해서 몇 가지 특징을 지니고 있습니다. 먼저, 공동체가 함께 성경을 읽는 시간을 포함시킨 것입니다. 오늘날 예배에서 가장 간과하는 예배 요소 가운데 하나는 '공동체의 성경 읽기'입니다. 성경을 읽는 것은 하나님의 말씀을 공동체가 함께 듣는 것입니다. 함께 한자리에서 같은 시간에 복음의 내용을 받아들이고 하나님의 가르침을 되새기는 공동체의 행위는 오늘날 예배에서 다시금 새롭게 지속해서 발전시킬 수 있는 중요한 요소입니다.

 두 번째는 기도와 관련됩니다. 2세기 로마 교회에서는 기도를 일어서서 했습니다. 기도를 왜 일어서서 한 것인지에 대해서는 여러 의견들이 있습니다. 그 가운데 가장 설득력 있는 것은 거룩한 대상을 향한 존중의 행위로 일어서서 한다는 의견입니다. 당시 문화에서 권위 있는 자들은 말을 할 때 자리에 앉아서 했습니다. 설교자들도 의자에 앉아서 설교했습니다. 때로는 설교를 서서 듣기도 했습니다. 그러나 분명한 것은 공동 기도를 할 때는 모두 일어서서 하나님을 향한 존중과 경외를 표현한 것입니다.

  이와 함께 순교자 저스티누스의 예배 기록에 대한 한 가지 독특한 점은 찬양 또는 찬송에 대한 내용이 없다는 것입니다. 그러면 2세기 로마 교회 예배에는 찬양이 없었던 것일까요? 그렇지 않습니다. 그들은 성경을 읽은 후 그리고 설교 이후 함께 시편을 찬양으로 불렀습니다. 공동체 전체가 일어서서 함께 하나님을 찬양한 것을 순교자 저스틴은 기도에 포함시킨 것입니다. 당시 교회 공동체는 찬양을 기도로 간주했습니다. 찬양은 단순한 선포나 감정을 표현하는 것이 아니라 하나님을 향해 고백하는 것이었습니다. 그리고 기도에는 공동체를 위한 중보 기도를 포함시켰습니다. 기도의 내용과 방식에 공동체성을 반영한 것입니다. 이 기도는 의무라기보다는 공동체의 특권으로 간주해서 실천했습니다. 오늘날 예배에서는 찬양할 때 대부분 성도들이 일어서는데 2세기 로마 교회의 교인들처럼 찬양을 기도로 간주하고 공동체가 함께 하나님을 향해 반응하는 순서로 간주하는지는 확실하지 않습니다. 다만 우리가 찬양할 때 일어서서 하나님을 향한 고백을 하는 것은 기독교 전통에 부합하는 실천 방식입니다. 우리가 좀 더 고려할 것은 단지 일어서서 찬양하는 것 뿐만 아니라 그 찬양의 내용이 초대 교회의 교인들처럼 시편의 내용을 포함하고 또 하나님을 향한 정중한 고백과 표현을 담고 있는지를 살펴보고 새롭게 실천하는 것입니다.

마지막으로 2세기 로마 교회의 예배에 나타난 중요한 특징 가운데 하나는 예배와 삶의 연결입니다. 그들은 예배 이후에 남은 모든 봉헌물을 교회 밖의 이웃들에게 나누어주는 일을 예배와 연결된 하나의 실천으로 포함시켰습니다. 이웃과 단절되거나 은밀한 비밀 의식으로서의 예배 또는 오해와 불신을 초래하는 종교 행위가 아니라 이웃을 향해 다가가는 구제와 나눔을 예배의 필수 요소로 여겼습니다. 오늘날 예배는 우리의 헌신과 나눔이 하나님께만 향하는 것이 아니라 구체적으로 자신과 함께 살아가는 사회 속에서 고통과 아픔을 겪는 이들을 향해야 한다는 것을 의도적으로 기억하고 실천해야 합니다. 이웃을 향한 우리의 태도와 삶의 방식은 예배의 결과가 아니라 예배의 한 부분입니다.

함 께 생 각 해 볼 질 문

1. 오늘날 우리 사회에서 기독교 예배에 대한 관심과 궁금증을 갖지 못하거나 오해하는 이유는 무엇이라고 생각합니까?

2. 예배 음악을 기도로 이해할 때 자신의 공동체에서 실천하는 예배 음악의 내용과 방식에 어떤 변화를 요구한다고 봅니까?

3. 예배가 자신의 만족이 아니라 예배 공동체의 연합과 그 공동체가 속한 지역 사회와 직접 연결되게 하기 위해서 구체적으로 무엇을 실천할 수 있을까요?

Question
06

"초대 기독교 예배를 오늘날 예배 갱신의 원리로 삼고자 할 때 궁금한 것 가운데 하나는 먼저 그 당시의 예배 모습입니다. 초대 교회 시대를 단지 1세기나 2세기로 국한하지 않고 중세 기독교가 시작되기 전 수 세기 동안 지속되었는데, 3세기 기독교 예배의 모습을 확인해 볼 수 있을까요? 순교자 저스티누스가 소개한 2세기 예배가 3세기 동안에도 지속되었는지 아니면 다른 변화와 발전이 있었는지 궁금합니다. 아울러 3세기 예배의 모습을 통해 오늘날 예배 갱신을 위해서 배울 수 있는 점이 무엇인지도 궁금합니다."

3세기의 기독교 예배:
사도적 전승(Apostolic Tradition)에 담긴 예배와 교훈

기독교 예배를 갱신하려는 오늘날의 관심과 노력은 쉽게 찾아볼 수 있습니다. 현재 자신이 속한 공동체의 예배에 전적으로 만족하는 예배자들은 그리 많지 않습니다. 음악, 설교, 기도 또는 예배 순서와 진행 방식 뿐만 아니라 예배 시간과 공간에 대해 나름의 평가를 하면서 좀 더 새로운 예배를 실천하고자 함께 노력하고 있습니다. 대부분의 복음주의 예배 공동체들은 예배를 갱신하려 할 때 두 가지 측면을 함께 고려하는데, 하나는 문화이고 다른 하나는 전통입니다. 현대 문화에 적합한 예배와 전통의 원리에 충실한 예배를 가장 바람직한 예배 실천과 갱신의 방향으로 제시합니다. 그런데 오늘날 현대 문화의 가장 중요한 특징 가운데 하나는 전통에 대한 깊은 관심과 복원 또는 새로운 회복을 위해 노력하는 것입니다. 전통과 문화가 양극단의 서로 다른 특징을 드러내지 않고 전통이 현대 문화에 깊이 스며있습니다. 그래서 가장 현대적인 문화의 모습에 가장 오래된 전통의 모습들이 반영되고 있습니다. 예를 들어, 스타벅스에서 신비한 느낌을 내는 흐릿한 불빛을 조명으로 사용하는 것은 전통의 신비함을 추구하는 현대인들의 문화적 성향을 드러내는 것입니다. 북미에서는 매우 근대적이고 큰 규모를 자랑하는 많은 예배당들도 안으로 들어가면 마치 고대의 공연장이 연상되는 약간 어둡고 흐릿한 조명으로 예배실의 분위기를 조성하기도 합니다. 이것은 현대 문화에 깊이 스며있는 전통에 대한 새로운 관심과 반영을 드러내는 것입니다.

현대 문화의 흐름을 반영하고자 하는 기독교 예배는 이러한 전통에 대한 관심으로 인해서 좀 더 신비스럽고 깊은 의미를 지닌 실천들을 새로운 예배의 원리로 회복하기 위해 노력하고 있습니다. 기독교 예배가 우리 시대에 발견한 하나님을 향한 새로운 실천 방식이 아니라 오랜 전통 속에서 발전해 온 연속성을 지니고 있다는 점에서 이러한 노력은 정말 가치 있는 현상입니다. 그러나 과거의 전통 역시 당시 시대의 여건 속에서 창의적으로 발전시킨 가장 적합한 방식이었다는 점에서 시간적으로 거리가 있는 우리 시대에 무조건 새롭게 발견되는 것들을 이식하듯 실천하는 것은 위험합니다. 또한 과거로부터 발견할 수 있는 전통의 모습을 당시의 일반적인 현상으로 받아들이는 것도 위험합니다.

기독교 예배를 역사적으로 연구하는 학자들은 오늘날 우리 시대의 예배가 다양하듯이 이미 2세기의 초대 교회부터 예배가 다양하게 실천되었다는 점을 강조합니다. 따라서 오늘날과 시대적으로 먼 3세기의 예배를 살펴보는 것은 정말 어려운 일입니다. 당시 기독교의 복음은 이미 예루살렘뿐 아니라 시리아와 소아시아, 그리고 로마와 이집트를 넘어서 북아프리카까지 전파되었습니다. 이렇게 넓은 지역에 있는 서로 다른 기독교 공동체의 예배는 같은 모습 곧 동일한 방식으로 드린 것은 아닙니다. 기독교 예배로서의 공통점과 연결성을 지니고 있지만 지역과 예배 공동체마다 서로 다른 특징이 있었습니다. 우리가 기억해야 할 것은 3세기에는 아직 기독교 예배의 규정화된 모범(formulary)이 보편화되지 않았다는 것입니다. 기독교 예배의 구체적인 진행과 순서를 위한 모범서의 원형으로 간주될 수 있는 것은 동방교회의 예전인데 4세기 바질(Basil)과 크리소스토무스(Chrysostomus)에 의해서 형성되었습니다. 그렇다고 3세기 예배가 혼란과 복잡성을 따라 실천된 것은 아닙니다. 당시 기독교인들의 예배를 엿볼 수 있는 문헌은 북아프리카의 터툴리아누스(Tertullianus)나 알렉산드리아와 이집트의 오리게누스(Origenus)가 남긴 문헌에서 간접적으로 살펴볼 수 있습니다. 당시의 예배를 이보다 더 정확하고 분명하게 기록하고 있는 문헌은 히폴리투스(Hippolytus)의 '사도적 전승(the Apostolic Tradition)'입니다.

히폴리투스가 작성한 '사도적 전승'은 당시 교회의 제도와 질서 그리고 예배를 서술한 문헌입니다. 사본학의 관점에서 이 문헌의 진정성과 권위를 의심하는 입장도 있습니다. 그러나 이 문헌을 통해서 예배의 모범이 완성되기 전 3세기 기독교 공동체, 특히 로마 교회들이 어떻게 예배했는지를 살펴볼 수 있고 그것을 통해 오늘날 우리 시대의 예배를 위한 교훈을 살펴볼 수 있습니다. '사도적 전승'에 담긴 가장 중요한 내용 가운데 하나는 성찬 예식에 대한 구체적인 설명입니다. 이 문헌은 역사적으로 성찬에 대한 구체적인 실천 방식을 기술하고 있는 최초의 문서로 간주되기도 합니다. 오늘날 복음주의 예배에 익숙한 이들에게 '성찬에 대한 기술'이라고 하면 예배의 한 부분으로서 성찬에 대한 묘사와 설명을 연상하게 됩니다. 그러나 예배의 역사를 조금이라도 알고 있다면 성찬에 대한 묘사를 예배에 대한 묘사로 이해할 수 있습니다. 3세기 로마 기독교인들에게 예배는 곧 성찬이었습니다. 당시 기독교 예배를 오늘날 우리들이 자연스럽게 받아들이는 것처럼 예배와 설교 그리고 간헐적으로 실천하는 성찬으로 생각해서는 안 됩니다. 당시 기독교인들은 오늘날 우리들처럼 다양한 음악이나 설교를 예배의 중심에 두지 않고, 그리스도께서 하늘로 오르시기 전 마지막으로 사도들에게 가르쳐 주신 방식인 성찬을 예배의 중심에 두었습니다.

'사도적 전승'에 기록된 3세기 로마 교회 교인들의 예배 방식을 간략히 설명하면 다음과 같습니다. 1) 평안을 전하는 키스(kiss of peace) 2) 봉헌(offertory) 3) 기도(canon) 4) 축복(blessing) 5) 축성(consecration) 6) 성찬 나눔(communion)의 순서로 진행했습니다. 평안을 전하는 키스는 성도들이 함께 모여 예배를 인도하는 목회자에게 행하는 존중의 표현 방식입니다. 봉헌은 준비한 성찬 예물을 집사들이 목회자에게 드리고 그것을 하나님께 바치는 순서를 말합니다. 기도는 하나님께 감사의 고백을 하는 표현인데, 말씀이신 그리스도를 통한 창조와 그리스도의 고난을 통한 구속에 대한 감사가 그 핵심입니다. 그리고 나서 성찬을 위한 빵과 잔 외에 성도들이 가져온 기름과 치즈 또는 올리브를 하나님께 드리면서 축복하는 시간을 갖습니다. 축복이 끝난 후에는 성찬을 위한 예물을 하나님께 올려드리는 축성을 합니다. 이후에 모든 성도들이 떡과 잔을 받아서 함께 먹고 마십니다. 이때 아버지 하나님, 그리스도 그리고 성령님 안에서 이루어지는 방식을 강조하고 성도들은 아멘으로 답한 후에 받아서 먹고 마셨습니다.

기독교 예배 곧 성찬 예식에 대한 기본적인 설명을 담고 있는 '사도적 전승'의 내용은 정확히 어떤 방식으로 따라해야 한다는 규범서가 아니라, 안내를 담은 지침에 해당됩니다. 따라서 실제로 3세기 로마의 기독교인들이 모두 이런 방식으로 예배했는지는 정확히 알 수 없습니다. 다만 당시 교회의 구조와 제도를 고려할 때 이러한 방식으로 예배를 실천하는 것이 보편적이었을 것이라는 견해와 주장에 많은 사람들이 동의합니다. 오늘날 복음주의 예배 공동체에게 성찬 중심으로 예배를 실천했던 3세기 로마 교회의 예배 안내서는 그저 먼 시대의 의식처럼 보입니다. 성찬을 매주 실천하지도 않을 뿐만 아니라, 우리들이 많은 관심을 갖고 있는 음악이나 설교에 대한 구체적인 안내와 지침도 없기 때문입니다. 그러나 멀게만 느껴지는 3세기 로마 교회의 성찬 중심 예배는 오늘날 기독교 예배 갱신을 위한 중요한 교훈을 줍니다.

'사도적 전승'에 나타난 3세기 로마 교회의 성찬 중심 예배는 무엇보다도 그리스도 중심의 예배가 무엇인지를 가르쳐 줍니다. 당시 삼위일체 논쟁은 기독교인들에게 가장 중요한 신앙고백과 실천의 과제였습니다. 그리스도께서 단지 하나님 아버지의 변화된 양태 또는 모습이거나 서로 다른 분리된 세 분의 신으로 이해하던 시대에 삼위 하나님을 교리로 고백하는 것뿐만 아니라 삶과 의식을 통해서 구체적으로 표현했습니다. 예배와 관련한 3세기 로마 교회 교인들의 과제는 말씀을 통해서 주어진 창조와 구속에 삼위 하나님의 구체적인 역사를 분명히 고백하고 표현하는 것이었습니다. 그들은 예배를 통해서 삼위 하나님의 구체적인 창조와 구속과 섭리의 역사를 고백하고 또 표현했습니다.

성찬은 단지 그리스도 중심의 예배 의식일뿐만 아니라 그리스도를 통해서 구체화된 삼위 하나님의 사랑을 경험하는 과정이기도 했습니다. 그래서 먹고 마시는 모든 실천에서 하나님 아버지에 대한 감사와 그리스도의 구속에 대한 고백, 그리고 성령님의 지속적인 섭리를 통한 구속의 완성을 구체적으로 표현했습니다. 오늘날 예배자들은 음악이나 설교를 예배의 핵심 구성 요소로 간주합니다. 우리 시대에 가장 친숙한 방식으로서 음악이나 설교를 통해 우리가 고백하고 표현하는 것은 무엇입니까? 우리는 우리의 신앙고백의 대상이신 그리스도를 얼마나 직접 선포하고 그분을 향해 우리의 감사를 표현하고 있습니까? 그리스도를 허락하신 아버지 하나님의 사랑을 향한 우리의 고백은 어떠합니까? 이러한 구속의 경험을 삶의 과정에서 경험하도록 허락하시는 성령님을 향해 우리는 무엇을 통해 어떻게 감사드리고 있습니까? 단지 열정적인 예배, 깊이 있는 예배, 감동이 있는 예배를 지향하는 것은 기독교 예배의 올바른 갱신과 관련해서 매우 제한된 표현에 해당합니다. 그 열정과 깊이와 감동을 단지 감정적인 만족과 충족으로 생각한다면 더욱 그렇습니다. 우리의 열정과 깊이와 감동은 오직 성령님의 도우심으로 그리스도를 통해서 경험되는 아버지 하나님과의 거룩한 만남이 있어야 합니다. 3세기 로마 기독교인들이 성찬을 통해서 그렇게 했듯이 우리는 우리가 경험하는 익숙한 예배의 구성 요소들, 곧 기도와 찬양과 말씀을 통해서 삼위 하나님과 구별된 방식으로 연합하는 과정을 경험해야 합니다. 성찬을 단지 우리 시대에 적합하고 친숙한 방식이 아닌 옛 전통으로 치부하는 것이 아니라 우리보다 먼저 예배를 실천했던 3세기 로마 기독교인들의 열정과 표현을 우리 자리에서 새롭게 구축해야 합니다.

우리가 '사도적 전승'을 통해서 배울 수 있는 또 다른 교훈은 예배자들에 대한 관심입니다. 3세기 로마 기독교인들은 주일에 모여 실천하는 공동체의 예배 참석을 기독교 예배의 전부로 여기지 않았습니다. 주일에 모여 성찬 중심의 의식을 행하는 것이 그들에게는 예배의 전부가 아니었습니다. 성찬에 참여하는 자들은 이미 3년 동안 말씀을 배우고 자신의 삶의 방식을 통해서 그리스도와 교제하고 연합하는 방법을 익힌 자들입니다. '성찬을 통해서 그리스도를 어떻게 깊이 경험할 수 있는가?'라는 의문을 가질 수 있지만 당시 기독교인들은 매주 성찬을 받기 위해서 이미 기독교인으로서의 신앙고백을 삶으로 드러내고 검증받은 자들이었습니다. 고아와 과부를 돌보고 아픈 이들을 섬기는 일과 같은 모든 선한 일을 신앙고백의 확증으로 삼았습니다. 입으로만 그리스도를 고백한 것이 아니라 삶으로 그리스도를 고백하는 법을 익힌 자들이었습니다. 또한 그들은 그리스도와의 깊은 교제와 연합을 위해서 오늘날 새벽 기도 모임과 같은 방식으로 매일 함께 모여 기도하고 하루 일과를 시작했습니다. 기독교인들은 개인적으로는 각자의 자리에서 그리스도의 고난과 죽음 그리고 부활을 시간의 주기로 삼아서 비록 짧지만 하루에 일곱 번씩 개인 기도를 했습니다. 그리스도를 삶의 모든 시간 동안 기억하는 삶을 살며 함께 모여 성찬을 통해 삼위 하나님을 예배했습니다. 일상에서 그리스도와 동행하고 주일마다 함께 모여 거룩한 그리스도와의 연합을 가장 아름답게 고백하고 표현했던 것입니다. 그들에게서는 단지 주일 예배 한 번으로 삶의 성공 여부가 결정된다는 논리를 찾아볼 수 없습니다. 삶과 예배의 모든 반복적인 주기에 그리스도를 기억하고 연합하는 것만이 그들의 주된 관심이었습니다.

함 께 생 각 해 볼 질 문

1. 자신이 속한 예배 공동체는 예배의 각 구성 요소와 순서에서 삼위 하나님을 균형 있게 고백하고 표현하고 있다고 생각합니까? 어떤 점에서 그렇게 생각하나요?

2. 예배에서 공동체가 서로를 환대하는 평안의 키스(Kiss of Peace)를 어떻게 발전시켜 실천할 수 있다고 봅니까?

3. 하나님을 향한 드림과 이웃을 향한 나눔을 강조한 초대 교회 예배자들의 모습을 오늘날 이어갈 수 있는 가장 필요하고 바람직한 예배의 실천은 무엇일까요?

Question
07

"기독교 역사에 따르면 4세기는 기독교 신앙의 자유와 함께 새로운 전환을 맞이한 해입니다. 특히 로마에서 기독교를 인정하고 국가의 종교로 공인한 후 예배의 모습도 많이 달라졌을 거라고 생각합니다. 이러한 기독교 신앙의 자유는 로마뿐 아니라 다른 주변 도시들에도 영향을 미쳤을 것입니다. 초대 교회 시대의 여러 도시들 가운데 4세기 예루살렘교회의 예배 모습과 그 특징은 무엇인가요? 그리고 그 시대의 예배 모습에서 오늘날 우리의 예배 갱신을 위해 배울 수 있는 교훈은 무엇인지 궁금합니다."

4세기의 기독교 예배:
예루살렘교회의 예배 내용과 교훈

기독교 예배를 역사의 관점에서 고찰하는 중요한 의미 가운데 하나는 오늘날 우리가 실천하는 예배가 역사적으로 어디에서 시작되었고 그것이 지닌 원래 의미가 무엇이며, 시간에 따라 그 의미가 어떻게 변화되었는지를 살펴보는 것입니다. 기독교 예배의 역사는 기독교 자체의 역사와 같이 발전했습니다. 오늘날 우리가 실천하는 대부분의 기독교 예배 방식들은 이미 오래전 우리의 신앙 선조들이 하나님을 향한 경배의 방식으로 실천했던 것들이 대부분입니다. 하나님을 예배하는 기본 원리와 방식은 역사를 통해서 공통적으로 이어져 오고 있습니다. 말씀과 음악 그리고 성찬을 포함하는 예배는 공통적입니다. 그러나 각 시대에 따라서 말씀을 전하는 방식과 강조하는 내용, 음악을 사용하는 방식과 구체적인 내용, 그리고 성찬을 행하는 방식 등은 모두 서로 다른 모습을 나타내며 발전해 왔습니다. 오랜 역사 속에서 각각 독특한 방식으로 실천했던 기독교 예배의 모습들을 통해서 오늘날 우리는 우리 시대에 적합한 예배 방식을 드러내기 위해 분별력 있는 고찰과 노력을 해야 합니다. 그저 어느 특정한 시대의 예배 방식이나 모습을 아무런 비평적 고찰 없이 답습하는 것은 예배의 역사적 적용에서 가장 위험한 실천일 수 있습니다. 그것은 마치 21세기 북미의 도시에서 드리는 예배가 아름답고 화려하며 주목받는다고 해서 그 예배 방식을 같은 시대 아프리카 시골 마을의 예배 공동체에 그대로 실천하는 것과 같습니다. 기독교 예배의 역사와 관련해서 가져야 할 태도는 특정한 시대의 예배가 지닌 기여가 무엇인지 그리고 그것을 오늘날 예배가 어떻게 이어가고 있는지 또는 어떻게 연결하면 더욱 의미 있는 예배 갱신을 할 수 있는지를 고찰하고 노력하는 것입니다.

4세기의 기독교 예배는 이미 복음주의 예배역사학자인 로버트 웨버가 그 가치를 새롭게 발견했습니다. 오늘날 예배에서 전통적인 측면을 회복하려 할 때 대부분 4세기 예배가 남긴 유산을 생각합니다. 4세기는 기독교 예배에 엄청난 전환을 가져다주었습니다. 특히 로마에서 기독교 신앙은 더 이상 억압과 핍박의 대상이 아니라 심지어 자유와 새로운 기득권을 갖게 해 주었습니다. 신앙의 표현으로서 당시 예배는 자유롭게 실천했을 뿐만 아니라 모든 정치와 사회의 중심에서 힘을 발휘하기 시작했습니다. 사회에서 아무런 세력도 없던 기독교인들이 이제는 사회의 중심에 서게 된 것입니다. 이러한 4세기 예배의 자유와 새로운 발전은 로마뿐만 아니라 밀란, 소아시아, 시리아, 북아프리카와 이집트 그리고 예루살렘의 예배에 이르기까지 엄청난 발전을 촉진시켰습니다. 또한 예배의 자유를 넘어서 예배의 새로운 형식과 구성 요소를 발전시키고 새로운 방식들을 구체적으로 세분화 시켰습니다. 우리가 잘 아는 밀란의 암브로스(Ambrose), 로마의 제롬 (Jerome), 북아프리카의 아우구스티누스(Augustinus)가 기독교 예배의 구체적인 발전을 지속시켰고, 크리소스토무스(Chrysostomus)는 콘스탄티노플의 주교로서 활동하며 동방교회 예배의 실천을 거의 완성시켰습니다. 초대 교회 예배의 중요한 지역이었던 시리아의 경우는 예배 문헌을 포함시킨 '사도적 규율들(Apostolic Constitutions)'을 발전시키기도 했습니다.

　예루살렘의 예배는 이러한 발전과 더불어 4세기 예배를 이해하고 오늘날 기독교에 중요한 영향을 미치는 유산 가운데 하나입니다. 4세기에 예루살렘은 기독교 예배와 관련해서 새로운 의미를 갖기 시작했습니다. 당시 예루살렘 기독교의 지도자는 시릴(Cyril)이었습니다. 그가 다른 지역의 지도자들처럼 예배 모범서를 남기거나 예배 규율서를 저술한 기록은 없습니다. 그러나 당시 핍박과 억압에 의해 지하에서 예배하던 기독교인들이 새로운 자유를 경험하면서 예루살렘은 기독교인들에게 새로운 의미를 갖기 시작했고 그는 그곳의 지도자로 있었습니다. 예루살렘은 당시 기독교인들에게 그리스도의 생애를 기억하고 기념하는 신앙의 성지(聖地)였습니다. 그러한 성지에서 예배하는 것, 그리고 그곳을 찾아가 예배하는 것은 기독교인들이 가장 추구했던 의미 있는 생애와 신앙의 과정이었습니다. 초대 교회의 순례자로 알려진 에게리아(Egeria)는 당시 예루살렘을 순례하고 그곳에서의 예배 경험을 기록으로 남긴 대표적인 여인입니다. 에게리아의 일기와 역사의 기록을 통해서 그리스도께서 직접 살고 사역하셨던 4세기 예루살렘의 예배를 살펴볼 수 있습니다. 에게리아의 기록은 특히 예배에 대한 규율서가 아니라 직접 실천했던 예배 방식을 살펴보는 역사적 기록으로서 의미가 있습니다.

에게리아의 순례 기록과 당시 역사적 기록을 통해서 살펴볼 수 있는 4세기 예배 모습의 가장 큰 특징은 예배 공간에 있습니다. 당시 예배 공간은 함께 모여 예배를 실천했던 하나의 공간이라기보다 훨씬 더 넓은 의미를 지닌 공간 구조를 드러냅니다. 그리스도의 죽음의 자리에 세워진 예배 공간은 그리스도의 생애와 사역을 기념하고 그것을 기억할 수 있도록 여러 구조물들을 갖고 있었습니다. 예배자들은 그 안을 지나며 하나님을 예배했고 핵심 공간은 그리스도의 무덤 위에 지었습니다. 이러한 공간의 특징으로 알 수 있는 것은 오늘날 우리가 쉽게 생각하듯이 강단과 의자들을 배열해 놓은 회중의 공간에 머물면서 단지 앉거나 일어서는 방식으로 예배한 것이 아니라는 점입니다. 당시 예배자들은 여러 공간들로 구성된 커다란 복합 건물을 이동하면서 그리스도를 기억하는 방식으로 예배에 참여했습니다.

예배의 공간과 함께 4세기 예루살렘의 예배 모습에 담긴 특징 가운데 하나는 성경 읽기와 기도가 강조되었다는 것입니다. 예루살렘의 기독교 공동체는 함께 모여서 성경을 읽었습니다. 오늘날과 같이 개인 성경이 보편화되기 전에 성경을 함께 읽는 것은 당시로서는 당연하고 자연스러운 모습이었습니다. 공동체 전체가 구약의 시편을 함께 기도의 고백으로 읽고 신약 복음서의 내용을 함께 읽는 것은 초대교회 예배 모습의 두드러진 특징으로 발전한 실천입니다. 아울러 예루살렘 기독교 공동체의 예배는 공동 기도를 강조했습니다. 공동체 전체가 함께 모인 예배의 자리에서 시간을 내어 공동으로 기도하는 것이 당시 예루살렘교회 예배의 특징이었습니다. 이것은 기도의 방식 가운데 개인 기도나 가정 기도보다 공동체 전체의 기도가 훨씬 더 익숙하고 보편화된 것이었음을 보여 줍니다. 개인 기도의 의미와 실천을 강조하는 오늘날의 기도와 경건의 방식과는 대조되는 초대 교회의 실천이라 볼 수 있습니다.

성경 읽기와 기도와 관련해서 4세기 예루살렘교회 예배의 또 다른 특징은 예배와 시간의 연결에 있습니다. 당시 예배 공동체는 공동 읽기와 설교를 위한 성경 본문을 임의로 선택하거나 결정하지 않았습니다. 일 년 단위의 반복되는 시간을 그리스도의 생애와 사역을 중심으로 구성해서 예배와 연결했습니다. 오늘날 '교회력(church calendar)'으로 알려진 것이 당시 이미 보편적으로 실천되고 있었습니다. 많은 기독교 예배학자들은 그리스도의 생애와 사역을 중심으로 발전한 이러한 시간 개념과 관련해서 예배에서 실천한 교회력이 4세기에 정착되고 발전하는 데 기여한 것 가운데 하나로 보고 있습니다. 당시 예루살렘교회는 그리스도의 임재가 시작되는 현현절(Epiphany, 1월 6일)을 교회력의 시작으로 간주했습니다. 모든 예배는 그리스도의 생애를 따르는 시간 개념을 철저하게 연결시켰습니다. 주현절, 사순절, 고난주간, 부활절, 성령강림절 등을 예배에 연결시켰고, 그 사이 사이와 성령강림절 이후에는 모든 주일에 성경의 사도들과 역사적으로 신앙의 선조들이라 불리는 순교자들의 삶과 사역을 (예배한 것이 아니라) 기념하는 시간을 포함시켜 그리스도를 따르는 삶에 순교자적 측면의 의미와 가치를 예배를 통해 되새겼습니다.

　이와 함께 당시 예루살렘교회 예배의 또 다른 특징은 설교에서도 찾아볼 수 있습니다. 4세기 예루살렘 기독교 공동체의 예배가 성경을 읽고 함께 기도하며 성찬을 중심으로 하는 예배이긴 했지만 그렇다고 설교를 간과하지 않았습니다. 4세기 예루살렘 기독교 공동체의 예배에서 드러난 설교의 가장 큰 특징은 그리스도 중심의 메시지입니다. 모든 성경을 해석할 때 그리스도 중심으로 이해하려 했고 설교 또한 그리스도의 생애와 사역이 담긴 구원의 메시지에 집중했습니다. 물론 모든 설교에서 직접적으로 그리스도를 이끌어 내는 것에 대해서 비판의 여지가 있지만, 그리스도 중심의 설교를 발전시킨 예루살렘 기독교 공동체의 기여는 적지 않습니다. 흔히 초대 교회에서 그리스도를 경험하기 위해서 성찬을 가장 중요한 예배의 구성 요소로 이해하지만 예루살렘교회를 비롯한 초대 교회에서 그리스도를 전하고 기억하며 기념하는 방식에서 설교를 제외시킨 것은 아닙니다.

　이렇게 간략히 살펴본 4세기 예루살렘의 기독교 예배는 오늘날 예배를 위해서 매우 중요한 의미와 교훈을 제공해 줍니다. 무엇보다도 공동 예배에서 성경을 함께 읽는 것이 예배의 중요한 실천이라는 점을 기억해야 합니다. 흔히 성경적 예배라고 하는 것은 성경의 가르침을 따르는 예배이기도 하지만, 동시에 성경을 함께 읽고 그 말씀을 따라 기도하며 그리스도를 기억하는 실천을 뜻합니다. 성경적 예배의 필수 구성 요소인 성경 읽기는 공동체가 하나님의 말씀을 함께 듣고 그 말씀에 반응하기 위해서 반드시 구체적이고 반복적으로 경험해야 할 과정입니다. 오늘날의 예배는 너무도 무의식적으로 하나님과 성경을 분리하곤 합니다. 성경과 상관없이 하나님을 향해 고백하고 하나님에 대한 이야기를 나누는 경우가 많습니다. 감정적 열정은 쉽게 얻을 수 있지만 성경을 통해서 우리에게 말씀하시고 그 말씀을 통해서 하나님을 향해 다시 반응하는 구체적인 실천은 부족한 경우가 많습니다. 성경을 함께 읽는 것은 하나님의 뜻을 함께 듣는 것이기도 하지만 동시에 하나님을 향해 고백하는 공동체의 기도이기도 합니다. 성경의 시편은 공동체의 기도서입니다. 시편의 기도들은 공동체가 함께 하나님을 향해 고백하고 헌신하는 성경의 언어를 훈련시키고 그것을 직접 경험하게 하는 방식입니다. 오늘날 성경적 예배의 주된 과제는 성경의 구체적인 내용과 언어를 성경의 표현 방식대로 공동체가 직접 경험하게 하는 것입니다. 성경 언어를 공동체의 예배에서 구체적으로 실천하는 방식은 기도와 찬양에 성경의 언어(해석과 그 의미를 나타내는 표현이 아닌 직접적인 사용)를 담는 것입니다. 공동체가 함께 모여 하나님을 향한 창의적인 경배의 표현을 할 때 사용하는 기도와 찬양을 지배하는 내용을 성경 자체로 구성할 수 있는 지혜로운 노력이 필요합니다. 4세기 예루살렘교회가 이러한 실천을 위해서 교회력이라는 시간을 적용한 것처럼 오늘날 우리도 세상의 시간 개념에 치우친 예배의 주제보다는 그리스도의 생애와 사역을 따라 그리스도와 연합하는 방식을 창의적으로 이끌 성경의 언어를 설교와 음악, 그리고 기도에서 구체화하기 위해 노력해야 합니다.

함 께 생 각 해 볼 질 문

1. 자신이 속한 공동체의 예배에서 성경 읽기를 어떻게 실천하고 있으며, 회중들은 그것에 어떻게 참여하고 있습니까?

2. 공동체가 예배 안에서 함께 성경 읽기를 통해 그리스도를 기억하는 일을 위해 구체적으로 실천할 수 있는 것은 무엇일까요?

3. 그리스도 중심의 설교를 선포하고 듣고 반응하기 위해서 예배 인도자, 설교자 그리고 참여자들이 할 수 있는 역할은 무엇일까요?

Question
08

"흔히 '초대 교회로 돌아가자' 라는 말을 종종 듣습니다. 예배와 관련해서 초대 교회로부터 배울 수 있는 것들은 무엇인가요? 초대 교회는 정말 오늘날 우리가 직접 따를 수 있는 예배의 원리와 실제를 제공해 주나요? 초대 교회에서 이해하고 실천한 예배는 무엇이며, 그것을 오늘날 우리 시대의 예배에 어떻게 적용할 수 있나요?"

초대 교회에서 배우는
예배의 이해와 실천

기독교 예배의 갱신과 관련하여 역사적인 측면에서 나타나는 두 가지 특징이 있습니다. 하나는, 지금의 예배를 미래와 연결시켜 앞으로 주목받을 수 있는 예배의 모습을 예측하고 구체화시키는 것입니다. 예를 들어, 향후 몇 년간 예배 공동체에 영향을 줄 수 있는 방식을 제시하는 데 집중하는 것입니다. 특히 변화하는 문화와 새로운 세대에 관심을 갖고 그들이 적극적으로 예배에 참여하도록 이끄는 데 집중하는 것입니다. 이러한 노력은 전도와 교회 성장의 측면에서 목회자들과 예배 인도자들에게 큰 관심을 갖게 해 줍니다. 그러나 마치 문화의 소비 현상과 같이 새로운 예배를 예배자들의 필요를 가장 만족스럽게 충족시켜 줄 대안으로 간주해서는 안 됩니다.

또 하나는, 과거 또는 전통과 현재의 예배를 연결시키는 것입니다. 이미 예배 갱신이 본격적으로 시작된 1960년대 초반 문화에 대한 관심과 수용을 적극적으로 실천했던 가톨릭과 달리 개신교는 전통의 회복과 복원에 더 관심을 갖고 갱신을 위해 노력했습니다. 예를 들어, 감리교와 장로교에서는 예배 갱신을 위해서 교단적으로 운영위원회를 구성해서 예배 모범과 규범을 되살리고 현대화하기 위해 노력했습니다. 그들은 예배를 새롭게 하는 것이 과거부터 전해지는 연속성을 드러내는 것이고, 그러한 노력과 실천이 현대 문화에서 살아가는 예배자들을 위한 대안이 될 수 있다고 확신했습니다. 그런데 갱신을 위한 그들의 원래 의도와는 달리 전통의 복원을 단지 과거의 예배 형태를 고고학적으로 복원하는 것처럼 기술적으로 노력하는 것은 바람직한 현상이 아닙니다. 과거 자체가 정당성을 지니는 것이 아니라 전통에서 가르쳐 주는 원리를 현재의 문화적 상황에서 창의적이면서도 목회적으로 적절하게 실천해야 하기 때문입니다.

이러한 예배 갱신과 관련한 역사적 흐름과 방향에서 과거에 대한 관심을 갖고 과거나 전통에서 오늘날 예배를 위한 교훈을 얻고자 하는 것은 매우 바람직하고 필요한 과제입니다. 그러면 오늘날 복음주의 예배 공동체에서 과거 또는 전통은 무엇을 의미할까요? 역사적으로 종교개혁 시대의 가르침과 실천을 중요한 전통으로 받아들입니다. 그런데 종교개혁의 전통을 들여다보면 대부분 초대 교회의 유산을 그들의 전통으로 받아들였습니다. 교회를 개혁하기 위한 시도를 할 때, 그들이 속해 있던 중세 교회의 전통을 새로운 방향으로 전환시키기 위해서 교회의 원형과 근본적인 전통에 더 관심을 갖게 된 것입니다. 역사적인 측면에서 초대 교회가 오늘날 기독교의 원형 또는 절대적인 규범과 같은 의미를 지니고 있다는 데 모든 기독교가 동의하는 것은 아닙니다. 가톨릭교회는 중세 교회가 그들의 전통입니다. 동방교회의 경우는 헬라문화에서 고착된 초대 교회의 예전이 그들에게 변치않는 전통으로 이어져 오고 있습니다. 영국 국교도의 핍박으로부터 자유를 선언한 자유교회의 전통들은 대부분 교단적 전통 안에 있더라도 청교도의 유산을 그들의 전통으로 간주합니다. 복음주의 예배 공동체들의 경우 초대 교회와 각 교단의 전통 그리고 선교 역사에 따른 각 지역의 초기 예배 형태들이 다양한 의미와 원리를 제공하며 전통의 의미와 역할을 감당합니다.

전통이 지니는 다양한 의미를 고려할 때, 오늘날 우리는 초대 교회의 전통을 역사적인 측면에서 균형 있게 이해하고 적용해야 합니다. 초대 교회의 전통만이 오늘날 우리가 공유하고 실천할 수 있는 절대 규범이라는 측면은 논리적으로 가능한 주장이지만 역사적인 측면과 실천적인 측면에서는 더 많은 것들을 고려해야 하는 상대적인 의미를 포함하기 때문입니다. 그렇다고 해서 초대 교회의 예배 이해와 실천이 간과되거나 그 중요성이 사라지지는 않습니다. 기독교 예배의 새로운 전통과 형성에 초대 교회에서 보여 준 역사적인 실천과 그 실천에 담긴 의미들은 오늘날 예배를 이해하고 실천하는데 중요합니다. 초대 교회의 예배 이해와 실천은 역사적인 측면에서 다양하게 이해되고 적용될 수 있습니다. 이러한 역사 이해에서 가장 중요한 것은 관점(perspective)입니다. 역사학자들은 이를 흔히 사관(historical view)이라고도 합니다. 중세 교회가 이해한 초대 교회와 종교개혁 시대가 이해한 초대 교회는 다릅니다. 근대 교회가 바라본 초대 교회와 현대 교회에서 이해하는 초대 교회 역시 차이가 있습니다. 또한 교단과 각각의 신학적 입장에서 바라보는 초대 교회 역시 차이가 있습니다. 이런 점에서 역사는 해석으로 간주되고, 그 해석의 정당성은 관점에 따라 달라집니다.

이러한 전통 이해의 상대성을 먼저 인정하면 초대 교회에 대한 예배 이해의 의미를 받아들일 수 있습니다. 초대 교회 예배와 관련한 가장 보편적인 관점은 어느 한 가지 규범에 따라 초대 교회 예배가 결정되었다는 것입니다. 초대 교회의 예배는 그 형태를 결정하는 하나의 원리를 먼저 받아들이고 그에 따라서 예배가 형성되고 발전했다는 것입니다. 더 쉽게 표현하면, 초대 교회의 예배는 오늘날 우리가 따를 수 있고 또 따라야 하는 어느 하나의 원리와 형태가 있었다는 주장입니다. 로마 가톨릭교회의 예배학자 그레고리 딕스(Gregory Dix)가 초대 교회 예배의 중심인 성찬과 관련해서 이러한 주장을 했고, 이후 많은 사람들이 이러한 원리(어느 하나의 원리를 실천한 초대 교회의 예배)를 받아들였습니다. 예배를 구체화하고 실천하는 데 분명한 원리를 이끌어 내는 것은 필요하고 도움이 됩니다. 그러나 역사적으로 초대 교회는 예배 실천과 관련해 먼저 이론이나 원리를 받아들이고 나서 실천했다고 보기 어렵습니다. 오히려 여러 공동체들이 복음을 새롭게 받아들이고 그 복음을 각각의 공동체 안에서 적합하게 전달하여 이해하고 살아갈 수 있도록 다양한 방식으로 실천했습니다. 이러한 다양한 실천적인 노력들을 이후에 역사학자들이 연구하면서 공통성과 일관성을 발견했고, 그것을 논리적으로 구성해서 초대 교회 예배의 원리를 이끌어 냈다고 볼 수 있습니다. 이런 역사적인 관점에서 볼 때 초대 교회는 당시 기독교 또는 그리스도와 관련한 오래된 유산을 지닌 것은 아니었지만, 그리스도를 예배하는 공동체로서 그 '정체성'을 분명히 드러냈고 오늘날에 이르기까지 중요한 의미와 원리를 제공해 주고 있습니다.

초대 교회가 예배의 실천과 관련해서 가르쳐 주는 중요한 의미 가운데 하나는 정체성과 관련이 있습니다. 초대 교회는 예배와 관련해서 역사적으로는 과도기였습니다. 유대교의 전통과 헬라문화의 복잡한 상황 속에서 기독교의 정체성을 유지하기 위해 긴장과 갈등 속에 있었습니다. 동시에 기독교 신앙에 대한 핍박과 박해를 받고 경제적인 신분과 사회적 지위가 서로 다른 사람들이 한자리에 모여 같은 '의식'을 행해야 하는 현실에 놓여 있었습니다. 이러한 복잡하고도 어려운 상황에서 하나님을 예배하는 공동체로서 정체성을 새롭게 드러내야 하는 과제가 주어졌습니다. 단지 단조로운 일상과 막연한 기대 또는 낭만적인 삶의 안정과 평안을 갈망하며 이미 결정된 시간에 정해진 장소에 모여 '종교적 의식'에 참여한 것이 아니었습니다. 이런 상황에서 고백하는 기도, 선포하는 말씀, 하나님을 향한 경배와 찬양, 공동체로서 함께 나누는 식사와 공동체 밖에 있는 사람들을 위한 헌신과 사랑의 실천 등은 매우 치밀하고도 역동적으로 참여하는 예배로서의 삶, 삶으로서의 예배였습니다.

　이와 같이 기독교 신앙의 정체성을 드러내고 구체적으로 형성하기 위한 초대 교회의 예배는 오늘날 우리에게 예배 실천과 갱신의 중요한 의미를 제공해 줍니다. 무엇보다도 먼저 기독교 신앙의 연속성과 불연속성에 대한 실천입니다. 역사적으로 초대 교회는 유대교와 연속성을 지닙니다. 유대교 회당에서 함께 모여 성경을 읽고 해석하고 나누는 방식과 시편을 함께 읽고 노래로 고백하는 것을 지속했습니다. 그러나 구약의 말씀을 읽고 그 뜻을 나누는 것뿐만 아니라 복음 곧 그리스도를 기억하고 그분의 말씀과 가르침을 함께 나누는 것을 포함시켰습니다. 아울러 승천하시기 전에 마지막으로 당부하신 공동체의 식사를 예배에 포함시켰습니다. 이후 기독교의 모든 전통은 교단과 신학의 차이에도 불구하고 '말씀'과 '성찬'이라는 예배의 기본 구조를 공통적으로 실천하고 있습니다.

　오늘날 예배 공동체는 정체성과 관련해서 연속적으로 발전시킬 것과 불연속적으로 구분 지을 것을 분명히 해서 실천해야 합니다. 초대 교회가 유대교와의 연속성과 불연속성을 실천했듯이, 오늘날 현대 교회는 각각의 예배 공동체가 속한 전통에 대한 이해와 확신을 가지고 있어야 합니다. 자신이 속한 공동체의 예배가 지금의 예배로 발전하기까지 무엇이 어떤 영향을 주었는지에 대한 이해와 수용 없이 새로운 것에 대한 보급과 실천에만 치우치면 갈등과 긴장을 유발할 뿐입니다. 각각의 공동체는 매우 복잡한 나름의 예배 전통을 지니고 있습니다. 교단의 영향, 목회자의 신학과 관심, 자신이 속한 교회의 역사 등 다양한 것들이 예배를 결정해 왔습니다. 이러한 것들이 교회의 전통으로 형성되어 예배를 결정하는 데 매우 중요한 의미를 차지하고 있습니다. 따라서 새로운 것 또는 혁신적인 것을 대안으로 성급하게 수용하거나 제시하기보다는 이전의 방식들을 인정하면서 작은 부분에서 새로운 실천을 하는 것이 바람직합니다. 특히 예배의 전면적인 개편이나 수정보다는 기존 예배의 작은 부분(기도의 방식, 음악의 내용과 방식, 설교의 새로운 시도 등)에서 그리스도를 통해 주어지는 정체성을 현재적으로 드러내기 위한 장기적이고 지속적이며 의도적인 노력과 실천이 필요합니다.

초대 교회의 예배가 드러내는 정체성과 관련한 또 하나의 측면은 헬라문화의 신앙과 문화적 도전에 대한 반응입니다. 초대 교회 예배는 현상적으로 헬라문화의 종교 의식과 구분 지어야 했습니다. 당시 헬라의 다양한 종교 의식들은 화려하고 매혹적이기까지 했습니다. 종교 의식을 담당하던 자들의 외모와 행위는 성(性)적인 매력을 드러내고 많은 이들에게 상당한 영향을 미쳤습니다. 초대 교회의 예배는 이런 점에서 외적으로 헬라 종교의 의식과 구분되어야 했습니다. 헬라 종교의 매혹적이고 선정적인 측면을 수용해서 더욱 새롭게 개발시킨 것이 아니라, 현상적인 측면에서 헬라 종교와 같이 구분된 의식을 지속적으로 발전시켰습니다. 그러나 그 의식을 감각적이고 매혹적으로 발전시키기보다는 복음 곧 그리스도의 가르침에 집중했습니다. 쾌락과 감각적인 만족보다는 헌신과 사랑 그리고 윤리적인 측면을 예배 실천에 포함시켰습니다. 그리스도의 죽음과 부활이 지닌 예배의 의미를 드러낸 것입니다. 오늘날 현대 교회는 현대 문화의 도전에 대해서 거부할 수 없는 현실로 인정해야 하고, 그러한 현실에 대해서 구분되는 모습을 보여야 합니다. 그리스도의 복음은 사랑과 헌신을 요구합니다. 그러나 현대 문화의 메시지는 소비와 만족을 추구합니다. 그리스도를 소비와 만족의 대상으로 이해하거나 예배 안에서 그렇게 표현하려고 하는 것은 기독교의 정체성을 흐리게 하는 것입니다. 예배에서의 기도가 우리의 만족과 필요를 위해서 그리스도를 단지 '친구' 정도로 표현하는 것, 음악을 통해 삼위 하나님의 성품과 일하심에 대한 높임과 경배보다는 현대 문화의 가장 강력한 힘이 되는 음악적 기술의 표현과 공연적 능력을 과시하는 것은 기독교의 정체성을 예배 안에서 흐리게 하는 현상입니다. 물론 예배에서 음악이 지닌 예술성과 공연적 측면은 매우 중요하고 기도의 언어와 표현 역시 친밀함을 드러내야 합니다.

이와 같이 역사적 측면에서 초대 교회 예배의 실천이 보여 주는 갱신의 원리를 오늘날 현대 예배에서 실천하는 것은 단지 기계적으로 예배의 현상을 답습하는 것이 아니라, 좀 더 근본적으로 원리를 이해하고 새롭게 적용하여 실천해야 합니다. 초대 교회가 보여 준 예배의 실천에 담긴 원리는 기독교 복음의 정체성을 드러내는 것이었고 그 핵심은 그리스도였습니다. 우리 시대의 예배가 그리스도 중심의 정체성을 드러내게 하기 위해서는 전통의 연속성을 존중하면서 현대 문화를 지혜롭고 변별력 있게 수용해야 합니다. 그것이 바로 초대 교회에서 얻을 수 있는 중요한 교훈입니다.

함 께 생 각 해 볼 질 문

1. 자신이 속한 공동체에서 되찾아야 할 예배의 전통은 무엇이며, 왜 그것이 필요하다고 생각합니까?

2. 초대 교회에서부터 발전한 예배의 구조와 방식 가운데 오늘날의 예배에서도 반드시 연속적으로 이어가야 할 내용은 무엇이라고 생각합니까?

3. 예배에서 경계해야 할 오늘날 문화의 요소나 영향에는 어떤 것들이 있을까요?

History of Worship

Question
09

"예배에서 성경은 정말 중요한 구성 요소라고 배웠습니다. 예배가 단지 성경적인 원리로 이루어지는 것뿐만 아니라 예배에서 성경을 사용하는 것도 중요하다고 들었는데 초대 교회는 성경을 예배에서 어떤 식으로 받아들이고 사용했나요? 성경에 대한 이해와 직접적인 사용과 관련해서 어떤 점에서 초대 교회의 예배가 성경적인 예배라고 할 수 있나요?"

초대 교회 예배에서의 성경 사용

초대 교회는 기독교 예배와 관련해서 오늘날 다양하게 실천되는 예배들의 원형을 제공해 줍니다. 그렇다고 초대 교회가 실천한 예배의 원형을 모든 시대가 아무런 고찰 없이 수용할 수 있는 이상적인 모델로 제공하는 것은 아닙니다. 초대 교회의 예배는 역사적으로 유대인들과의 연결(구약의 전통)과 구별(그리스도의 새로운 계시와 가르침)을 동시에 드러내야 했고, 당시 삶의 방식을 결정했던 헬라문화와 사회의 지배 정신과도 차별을 드러내야 했습니다. 또한 초대 교회에는 현대의 우리와는 달리 이미 주어진 기독교 예배 방식이 없었습니다. 예배 모범이나 구체적인 방식에 대한 지침이 없는 상태에서 하나님을 예배하는 방식을 형성했습니다. 이러한 상황에서 초대 교회의 기독교인들이 하나님을 예배하는 방식을 결정하고 실천했던 노력은 역사적으로 중요한 의미가 있습니다. 오늘날 많은 교회들이 예배 모범이나 기도문을 사용해서 예배하기보다는 나름의 자율적인 판단과 원칙을 사용해서 다양하게 예배를 실천하고 있습니다. 따라서 기독교 예배의 정체성을 구체적인 실천에서 드러냈던 초대 교회의 예배는 자율과 위기를 동시에 맞이하고 있는 오늘날의 복음주의 교회들에게 중요하고도 의미 있는 가르침을 제공합니다.

　초대 교회가 실천했던 예배 가운데 가장 주목할 부분은 바로 성경의 이해와 사용입니다. 오늘날 기독교는 서로 다른 교단과 신학적 전통 가운데 서 있지만 모두 동일하게 성경의 토대 위에서 신앙을 구축할 뿐만 아니라 예배를 구성하고 실천하려고 노력합니다. 초대 교회 역시 성경을 예배 구성 요소의 중심에 두었고, 예배의 내용과 진행 방식 그리고 참여자들의 반응 모두를 성경을 중심으로 이끌어 내었습니다. 초대 교회 기독교인들은 성경을 읽고 그 뜻을 해석하는 가르침을 회당 모임에서 배우고 익혀서 잘 알고 있었습니다. 다만 기독교 예배와 회당 모임과의 차이를 두어야 하는 역사적 정황에 있었습니다. 이런 여건에서 초대 교회는 전혀 새로운 방식의 예배 형태를 추구하지 않았습니다. 오히려 기독교 신앙의 정체성을 드러내기 위해 기존 회당에서 배운 방식을 수용하되 그리스도의 삶과 가르침을 담은 말씀을 통해서 예배에 새로운 의미를 부여했습니다. 또한 당시 헬라문화의 다양한 모임 방식들을 수용하되 새로운 방식으로 의미를 부여하기도 했습니다. 당시 헬라 사회는 사회적 신분과 계층에 의해 구분된 다양한 모임들이 있었는데 함께 모여 식사를 나누고 공통의 주제를 가지고 이야기를 나누곤 했습니다. 초대 교회 교인들은 이러한 방식을 잘 알고 있었습니다. 그들의 모임은 외적으로는 또 하나의 사회적 모임으로 보일 수 있었지만, 그 모임의 내용과 구체적인 방식을 하나님의 말씀으로 새롭게 전환시켰습니다.

  초대 교회 예배에서의 성경 사용과 관련해서 가장 주목할 만한 특징은 성경이 '회중 예배의 책'으로 사용된 것입니다. 초대 교회는 성경을 공동체 또는 회중을 위한 책으로 받아들이고 따랐습니다. 성경이 위치할 수 있는 가장 중요한 자리가 바로 회중의 모임이었습니다. 성경은 철저하게 공동체를 위한 그리고 회중 모임을 위한 책으로 받아들여졌고, 그것을 예배를 통해서 실천했습니다. 이를 조금 더 강조하면, "예배 공동체의 모임이 없이는 성경이 없고, 성경이 없이는 예배 공동체의 모임도 없다"고 할 수 있습니다. 곧 성경을 읽고 그 뜻을 해석해서 전달하고 예배자들이 그 의미를 삶에 적용해서 살아가게 하는 것이 초대 교회 예배의 가장 중요한 특징이라고 할 수 있습니다. 초대 교회 예배자들은 성경을 단지 설교 이전에 읽는 간략한 구성 요소로 간주하지 않았습니다. 설교자들의 메시지를 위한 근거 본문으로 사용되는 경우도 없었습니다. 찬양의 메시지를 구성하는 영감 있는 가사의 내용 정도로 사용되지도 않았습니다. 초대 교회는 하나님의 말씀으로서의 성경이 단지 예배의 한 부분이 아니라, 예배의 시작부터 마지막까지 그 내용과 방식을 결정하는 전부로 간주하고 실천했습니다. 말씀이 읽혀질 것에 대한 기대를 갖고 모였고, 읽혀지는 말씀을 통해서 하나님을 경험하고, 하나님의 말씀을 기도와 찬양을 통해 다시 고백하고 선포하는 방식으로 예배를 구성했습니다. 말씀의 핵심인 그리스도를 기억(찬양과 기도)할 뿐만 아니라 그리스도께서 가르치신 삶의 방식과 실제를 함께 음식을 나누고(성찬) 전하는 방식(구제)을 통해서 구체화했습니다. 곧 말씀을 읽고, 듣고, 직접 살아내는 방식으로서 예배를 이해하고 실천했습니다. 이와 같이 초대 교회 예배를 통해서 우리는 말씀이 예배 회중과 분리되어서는 의미를 지니지 못하고, 예배 회중은 말씀을 떠나서 예배를 구성할 수 없다는 것을 구체적으로 확인할 수 있습니다.

또한 초대 교회 예배의 성경적 이해와 실천은 성경 사용의 다양성에서 찾아볼 수 있습니다. 초대 교회 예배는 구약성경의 사용과 함께 신약성경을 예배에 포함시켰습니다. 이것이 유대 회당 모임과 가장 중요한 구분과 차이가 되기도 합니다. 초대 교회 예배에서 성경을 사용할 때 가장 중심에 둔 것은 바로 복음서입니다. 종교개혁 시대에는 이러한 원리를 그대로 적용하여 대부분 주일 예배에서 복음서를 반드시 포함시켜서 읽고 또 설교하는 방식으로 가장 중요한 위치에 두었습니다. 복음서는 역사적으로 초대 교회 공동체와 관련해서 형성된 성경입니다. 그런데 우리가 주목해야 할 것은 복음서의 핵심은 그리스도인데, 그리스도의 생애와 가르침을 담는 방식이 네 가지(사복음서)로 주어진 점입니다. 예배와 관련해서 이러한 복음서의 다양성은 매우 중요한 의미를 지닙니다. 곧 성경이 예배 회중을 위한 책으로 사용되었다는 점에 근거해 볼 때, 예배 회중이 듣고 반응해야 할 그리스도

곧 복음의 내용은 획일적이거나 단순하지 않고 다양한 측면을 지니고 있다는 것을 가르쳐 줍니다. 마태복음의 하나님 나라와 제자도의 가르침, 마가복음의 그리스도의 증거와 선포, 누가복음의 신앙의 윤리와 제자도의 실천, 요한복음의 신비와 현실을 연결하는 그리스도의 실재 등과 같은 측면들을 통해서 예배 공동체가 성경, 특히 복음서를 통해 복음의 핵심인 그리스도의 다양한 측면을 적실성 있게 선포하고 실천한 것은 예배와 관련해서 중요한 의미를 지닙니다. 초대 교회는 성경(주로 복음서를 통해서)을 통해서 말씀하시는 그리스도의 메시지를 가장 적실성 있게 택하고 받아들여 삶에서 실천하기 위해 노력했습니다. 예배에서 나타나는 성경 사용의 다양성은 단지 선택의 폭이 넓다는 것만을 의미하지 않습니다. 예배는 성경 사용을 통해서 삶의 다양하고도 구체적인 현실에 적합한 말씀을 선택하여 읽고 선포하는 '적실성'을 지녀야 한다는 것을 의미합니다. 지금 우리가 실천하는 예배에서 선택하는 말씀과 선포되는 말씀이 회중의 삶에 적실성 있게 연결되는 방식으로 드러나는지 더욱 신중하게 고려하고 노력해야 한다는 것을 의미합니다.

초대 교회 예배가 성경을 이해하고 실천한 방식을 통해서 우리는 오늘날 예배와 관련해 중요한 교훈을 얻을 수 있습니다. 초대 교회 예배는 우리에게 성경이 예배 공동체를 위한 책으로 사용된 것과 그 내용의 핵심인 복음의 다양한 측면을 적실성 있게 실천한 모습을 보여 줍니다. 이것은 우리가 성경이 회중을 위한 책이므로 예배에서 반드시 성경을 읽어야 한다고 하거나 복음서의 다양한 내용을 두루두루 포함시켜서 읽고 선포해야 한다는 단순한 연결 이상의 의미를 제공해 줍니다. 초대 교회 예배가 성경을 이해하고 실천한 방식을 통해서 우리는 예배와 관련한 주된 관심을 다시 확인하게 됩니다. 예배의 주된 관심은 예배 형태와 스타일의 개선과 변화를 통한 예배 자체에 있지 않고 오히려 예배 공동체를 형성하는 예배자들의 삶에 있습니다. 초대 교회는 예배자들의 삶의 형성과 변화를 위해서 예배를 통해 성경을 읽고 선포하며 그것에 반응했습니다. 성경이 예배자들의 삶을 형성하는 데 적절하고 바람직한 방식으로 역사할 수 있도록 구체적으로, 때로는 창의적으로 예배를 새롭게 구성하기도 했습니다. 이것은 예배 자체를 위해서 예배자들이 헌신하거나 율법적으로 참여하는 것도 아니고, 예배자들의 마음을 얻고 그들에게 만족을 주기 위해서 예배 자체를 지나치게 쇄신하는 것을 뜻하는 것도 아닙니다.

오늘날 많은 예배 공동체들의 현실적인 과제가 바로 여기에 있습니다. 성경은 하나님의 말씀이기 때문에 어떤 방식으로든 선포만 되면 삶의 변화를 일으킬 것이라는 게으름과 예배 참여자들의 기호와 성향을 위해서 얼마든지 새로운 방식의 예배를 실천할 수 있다는 무분별한 타협을 경계해야 합니다. 예배의 구체적인 변화와 갱신은 반드시 성경의 구체적인 메시지가 예배 참여자들의 삶을 형성할 수 있도록 해야 합니다. 이러한 성경과 예배자들의 삶의 연결이 없는 예배 갱신과 변화는 초대 교회가 보여 주고 제시한 성경적 예배의 실천이라고 보기 어렵습니다.

　오늘날 예배 지도자들은 초대 교회 예배에서 성경을 중심에 두고 실천한 것과 복음서의 다양성을 예배 공동체가 적실성 있게 사용한 것을 현대 교회 예배에 좀 더 구체적으로 적용할 수 있어야 합니다. 이를 위해서 초대 교회가 보여 준 성경에 대한 태도와 수용을 예배에서 실천해야 합니다. 자신의 예배에서 성경을 대하는 태도와 예배 가운데 성경을 읽고 선포하는 구체적인 실천을 새롭게 해야 합니다. 특히 개인주의 시대를 살아가는 예배자들은 성경이 개인 묵상과 성경 공부를 위한 책으로 쓰일 뿐 공동체에서 함께 어떻게 읽고 표현하는지에 대한 깊은 이해와 경험이 부족합니다. 예배에서 성경을 읽는 방식과 그 뜻을 풀어 선포하는 방식과 그에 반응하는 방식을 좀 더 의도적이고 창의적으로 실천할 수 있어야 합니다. 또한 성경의 핵심 내용으로서 그리스도의 복음이 다양한 방식으로 기록되어 정경(正經)으로 전해져 오고 예배에서 성경을 사용한 방식을 현대화시켜야 합니다.

　그리스도의 삶과 가르침으로 표현되는 복음의 메시지를 단순한 명제 선포나 연대기적 가르침으로 제시하는 것이 아니라, 사복음서의 다양성을 인정하면서 현재 공동체가 처한 현실과 위치에서 어떤 메시지를 듣고 하나님께 반응하며 형성되어야 하는지를 분별할 수 있는 노력과 지혜가 예배 인도자들과 참여자들 모두에게 필요합니다. 단순히 성경을 읽고, 설교하고, 기도하고, 찬양으로 고백했다는 외적인 방식에 율법적으로 사로잡히지 않기 위해서는 메시지의 내용을 정확히 이해하고 그것을 예배에서 표현하기 위해 기도와 찬양을 포함해서 모든 순서를 창의적이고 의도적으로 준비하고 실천해야 합니다. 초대 교회가 예배를 통해서 하나님의 말씀을 존중하고 예배자들의 삶을 위해 적실성 있게 창의적인 예배 방식으로 제시한 것을 오늘날 현대 교회도 주어진 예배 공동체에서 실천할 때, 참된 의미의 성경적 예배, 초대 교회의 예배를 적용한다고 할 수 있습니다.

함 께 생 각 해 볼 질 문

1. 자신이 속한 공동체의 예배에서 성경의 위치와 역할은 어떻게 그리고 얼마나 정확히 나타나고 있습니까?

2. 예배에서의 기도, 설교, 찬양 중에서 성경을 구체적으로 활용할 수 있는 방법은 무엇이라고 생각합니까?

3. 성경이 개인 경건뿐만 아니라 공동체의 영성을 드러내는 데 필요하다면 공동 예배에서 성경이 예배자들의 삶을 형성하게 하기 위한 구체적인 실천에는 무엇이 있을까요?

Question

10

"기독교 예배의 실천에서 시간은 매우 중요한 것으로 간주합니다. 특히 '주일성수'를 통해서 구별된 시간의 의미를 직접 익혀 왔습니다. 기독교 예배의 구체적인 실천을 위해서 시간을 어떻게 이해해야 하나요? 시간과 관련해서 기독교 예배를 어떻게 이해하고 실천해야 하는지 궁금합니다. 시간에 대한 이해가 오늘날 기독교 예배 갱신에 구체적으로 어떤 역할을 할 수 있는지도 궁금합니다."

그리스도 중심의 시간(Christ's Time)과 예배 형성

시간을 자연적인 주기 이상으로 이해하고 그것을 삶에 연결시키는 것은 인간이 지닌 특권 가운데 하나입니다. 시간은 삶에 대한 이해와 해석, 그리고 구체적인 방식에 이르기까지 매우 중요한 영향을 미칩니다. 게으름에 빠지지 않으려고 노력하는 것이나 이와 반대로 조급함 때문에 서두르지 않으려고 애쓰는 것은 모두 시간을 삶에 연결시키고 있다는 증거입니다.

  기독교 예배 역시 이러한 시간과 밀접하게 연결되어 있습니다. 예배의 의미와 형식 그리고 구체적인 내용에 가장 중요한 영향을 미치는 것 가운데 하나는 시간입니다. 역사적으로 기독교 예배는 '단지 주일이기 때문에 함께 모여서 예배하는 것' 이상의 시간에 대한 매우 깊고 복잡한 이해와 적용을 실천했습니다. 기독교 예배가 시간과 관련해서 새로운 의미를 지니고 실천된 것은 역사적으로 긴 과정을 거쳐서 오늘날까지 발전해 왔습니다. 교단과 신학적 차이로 인해서 예배와 시간에 대한 이해와 실천이 서로 다르기는 하지만 그래도 초대 교회 예배에서 형성된 시간에 대한 이해와 실천을 살펴보는 것은 오늘날 예배의 갱신과 관련해서 중요한 의미가 있습니다.

시간과 관련한 초대 교회 예배의 가장 분명한 특징은 창조의 시간 이해를 연속적으로 발전시킨 것입니다. 성경은 창조가 지니는 시간의 의미와 실천을 분명히 제시합니다. 시간을 무의미한 연속(단순한 자연적 시간)으로 간주하거나, 긴 단위의 반복(헬라 시대가 이해한 수십 년 단위의 주기로 반복되는 시간 개념)으로 간주하지 않습니다. 성경에 기록된 창조는 시간을 하루 단위로 구분하고, 일주일 단위의 반복적인 주기에 따라 '리듬을 지닌 흐름'으로 제시합니다. 창조의 일곱 번째 날은 모든 창조의 마침이 아닌 안식이었고, 그 안식은 새로운 시작을 위한 첫날로 간주되었습니다. 초대 교회의 예배는 이러한 창조의 시간 개념을 연속적으로 반영하였는데 일주일 단위의 리듬을 지닌 시간에 따라서 공동체가 함께 모여 예배하는 일을 지속했습니다. 시간의 리듬을 인정하고 예배를 통해서 안식의 구체적인 실천을 지속했습니다. 이러한 시간의 이해와 실천을 개인적으로 받아들이고 선택한 것이 아니라, 공동체가 함께 이해하고 참여했습니다. 일주일 단위의 리듬을 지닌 시간 개념을 예배에 연결시키는 것은 오늘날에 이르기까지 창조의 시간을 구체적으로 받아들이고 적용하는 매우 중요한 기독교 신앙의 표현이라고 볼 수 있습니다. 특히 개인의 시간을 존중하는 오늘날 창조의 질서를 따라서 매주 첫날 함께 모여 안식하고 예배하는 일에 참여하는 것은 기독교적 정체성을 드러내는 가장 기본적인 의무이자 삶의 방식입니다.

초대 교회는 창조에 나타난 시간의 의미를 예배 안에서 지속적으로 발전시켰을 뿐만 아니라, 그리스도와 관련한 새로운 시간의 이해를 예배 안에 발전시키기도 했습니다. 그 가운데 가장 특징적인 시간의 이해와 실천은 그리스도를 중심으로 과거와 미래를 현재에 통합시킨 것입니다. 초대 기독교의 주일 예배는 구약의 안식 전통과는 달리 그리스도의 부활을 기념하여 주일에 이루어졌습니다. 그리스도 중심의 예배는 시간적인 측면에서 새로운 의미를 제시했습니다. 곧 그리스도께서 하신 일을 기념(anamnesis)하고, 새로운 시작과 함께 주어진 그리스도께서 하실 일을 기대(prolepsis)하는 방식으로 예배를 진행했습니다. 단지 과거의 시간을 기억하거나 미래의 일을 기대하는 것을 넘어서 그러한 시간 이해를 구체적으로 '의식(liturgical rite)'에 통합시켰습니다. 기독교 예배의 구체적인 의식을 통해서 과거 그리스도께서 가르치시고, 고난당하시고, 죽으신 것을 공동체가 함께 찬양하고, 기도하고, 말씀을 읽고, 성찬을 나누는 방식으로 기억(remembrance)했습니다. 동시에 그리스도의 부활로 인해서 가능해진 새로운 생명과 곧 다시 오셔서 통치하시며 삶을 다스리실 것을 찬양, 기도, 말씀, 성찬의 방식으로 구체화시켜 기대(anticipation)하고 구체적으로 미리 맛보기도(foretasting) 했습니다. 이와 같이 초대 기독교 예배는 그리스도를 중심으로 과거에 그리스도께서 하신 일과 미래에 그리스도께서 하실 일을 현재에 통합하는 방식으로 시간을 이해하며 의식을 통해 구체화했습니다.

초대 교회 예배가 그리스도를 중심으로 과거와 미래를 현재에 통합시키는 방식으로 발전된 것에 대해서 흔히 예배를 그리스도의 구원 사건의 드라마적 재현이라 부르기도 합니다. 찬양과 기도를 통해서 구원을 주신 그리스도에 대한 감사를 고백하고, 말씀을 통해 그리스도의 구원 사건을 분명히 선포한 후에 성찬을 통해 말씀에서 선포된 그리스도를 직접 드라마적 재구성을 통해 경험하게 하기 때문입니다. 그런데 우리가 그리스도와 시간 그리고 예배와 관련해서 생각해야 할 또 한 가지가 있습니다. 그것은 바로 다시 오실 그리스도에 대한 기대와 확신을 예배를 통해서 현재에 구체적으로 실천한 초대 교회의 유산입니다. 초대 교회가 예배를 통해서 다시 오실 그리스도를 강조한 것은 종말론적 기대(eschatological anticipation)를 구체화시킨 것입니다. 단지 반복적인 의미로 안식을 추구했던 유대교와 현재적 가치에 대한 만족을 강조했던 헬라문화와는 달리 초대 교회 예배는 그리스도를 통해서 가능하게 될 미래를 현재화시키는 데 주력했습니다. 기독교 예배는 안식을 위한 수단을 넘어서 부활하신 그리스도로 인해서 가능해진 새로운 삶에 대한 기대와 실현을 강조하는 의식입니다. 주님의 날(Lord's Day)은 단순히 안식의 날(Christian Sabbath)을 넘어서 부활의 날(the Resurrection Day)이기 때문에, 예배에서 미래적 측면을 강조하고 실천하는 것은 매우 중요하고 가치 있는 초대 교회 유산의 현재적 실현이 됩니다.

초대 교회 공동체가 시간과 관련해서 예배에서 이해하고 실천한 것은 단지 일주일 단위의 리듬으로 반복되는 시간만이 아닙니다. 그리스도를 중심으로 형성된 일 년 주기(annual calendar)의 시간 개념도 역사를 따라 발전했습니다. 흔히 교회력(Church Calendar) 또는 교회력(Christian Calendar)이라 불리는 것은 일 년 단위의 주기로 시간을 이해하고 그것을 예배와 연결시키는 방식입니다. 일 년의 기간을 그리스도와 연결시켜서 발전시킨 교회력은 크게 두 가지 중심을 지니고 있습니다. 하나는 그리스도의 탄생과 관련한 시간이고, 다른 하나는 그리스도의 죽음과 관련한 시간입니다. 그리스도의 탄생과 관련해서 형성된 기독교 시간은 대강절(Advent), 성탄절(Christmas), 현현절(Epiphany)과 같은 단위로 구성되는 기간이고 그리스도의 죽음과 관련해서 형성된 기독교 시간은 사순절(Lent), 고난주간(Holy Week), 부활절(Easter Day), 오순절(Pentecost)과 같은 단위로 구성되는 기간입니다. 이두 가지 중요한 시간 단위를 하나로 연결해서 일 년의 주기를 이해하면 대략 다음과 같습니다.

대강절부터 시작해서 그리스도의 탄생을 기념하는 성탄절과 현현절을 경험하고 '재의 수요일(Ash Wednesday)'부터 시작되는 사순절과 고난주간 그리고 부활의 주일을 경험합니다. 그리고 부활 이후 50일을 기다려 성령 강림을 맞이합니다. 성령 강림 이후 일상의 시간(ordinary time)을 지내고 다시 11월 마지막 주에 그리스도의 탄생이 시작되는 대강절을 맞이하는 방식으로 일 년 단위의 시간이 반복됩니다. 이러한 기독교 시간 개념은 단번에 형성된 것이 아니라 초대 교회 예배 공동체의 역사와 함께 오랜 기간 동안 발전한 것입니다. 그리스도의 중요한 두 사건, 곧 탄생과 죽음을 기준으로 형성된 이러한 교회력은 예배 공동체가 기도하고 찬양하고 말씀을 읽고 성찬을 진행하는 모든 방식뿐만 아니라 기독교인들의 삶의 방식(way of life) 및 영성 형성(spiritual formation)에까지 직접적인 영향을 미쳐 왔습니다.

역사적으로 기독교 공동체가 교회력을 예배와 연결시킨 가장 구체적인 실천은 '렉셔너리(lectionary)'의 활용입니다. '렉셔너리'는 예배 공동체가 교회력에 따라서 각각의 예배에 적합한 성경을 읽고 활용하도록 재구성한 책입니다. 예배에서 읽는 성경의 내용과 설교 본문을 결정하고 기도와 찬양의 내용 까지도 영향을 미치는 역할을 해 왔습니다. 역사적으로 로마 가톨릭교회, 동방교회, 영국 성공회, 감리교, 그리고 최근에는 미국 장로교 등에서 교단별로 약간의 수정과 보완 작업을 한 후 사용하고 있습니다. 영국 청교도의 영향을 받은 미국 기독교와 한국의 복음주의적 교단에서는 '렉셔너리' 사용이 보편화되어 있지 않습니다. 특히 성경을 연속적 읽기 방식으로 읽어 나가야 한다는 신학적 원리가 보편화된 교단과 예배 공동체에서는 '렉셔너리' 사용을 거의 찾아볼 수 없습니다. '렉셔너리'는 교회력을 반영하고 있다는 점에서 매우 중요한 자료입니다. 그러나 성경 전체를 빠짐없이 읽고 삶에 연결시켜야 한다는 점에서 '렉셔너리'는 정경으로서의 성경을 대신하지 못한다는 점을 같이 고려해야 합니다.

오늘날 예배 공동체는 초대 교회부터 전해져 온 교회력 또는 그리스도 중심의 기독교 시간 개념을 예배 갱신을 위해 반영하고 실천할 수 있습니다. 무엇보다도 자연적 시간 개념이 아닌 그리스도의 시간을 따라 예배를 이해하고 실천할 때, 기독교의 정체성을 분명히 드러낼 수 있습니다. 단순히 반복적으로 안식하거나 함께 모여 친목을 도모하고 참여자들의 관심을 끄는 모임이 아닌, 그리스도의 구원 사건을 기억하는 동시에 다시 오실 그리스도를 기대하는 방식으로 예배를 구성하고 실천해야 합니다. 그리스도의 죽음과 부활을 같이 기억하고 기대하는 것은 예배의 언어와 방식을 더욱 풍요롭게 합니다. 그리스도의 죽음을 기억할 때 고백하는 기도와 찬양 그리고 성찬의 방식은 그리스도의 부활을 축하하고 다시 오실 그리스도를 기대하는 축제로서의 기도와 찬양 그리고 성찬의 방식과 다릅니다. 그리스도의 이러한 포괄적인 측면을 시간을 따라 예배에서 경험하게 되면, 단순히 긍정과 회복만이 아니라 삶의 어두운 현실도 그리스도 안에서 받아들이고 견딜 수 있는 신앙의 언어와 방식을 터득하게 됩니다. 이런 점에서 오늘날 예배는 삶의 현실인 고난과 죽음의 언어를 생략하고 너무 성급하게 성취와 회복의 언어를 기도와 찬양 그리고 설교의 주된 언어로 표현하는 것에 대해서 다시 생각해 볼 필요가 있습니다.

마지막으로 그리스도 중심의 교회력을 예배 공동체가 더욱 진지하게 이해하고 실천하기 위해서는 현대 문화의 소비주의적 도전을 지혜롭게 경계해야 합니다. 그리스도의 탄생은 인류에게 새로운 소망을 가져다주는 의미가 있습니다. 그런데 현대 사회는 성탄을 소비와 직접 연결시킵니다. 성탄절을 전후로 소비를 위한 마케팅 전략을 내세워 사람들로 하여금 성탄을 다른 방향, 곧 소비와 만족의 기회로 이해하고 실천하게 합니다. 부활절과 북미와 한국에 보편적인 추수감사절 역시 최고의 소비 기회로 삼아서 마케팅 전략을 제시합니다. 그리스도를 기억하고 기대하며 살아가게 하는 예배의 주된 역할을 소비주의 사회에서 새로운 방식으로 전환시키는 것을 경계할 때 오늘날 그리스도 중심의 시간과 관련된 예배 갱신을 더욱 적실성 있게 활성화할 수 있습니다.

함 께 생 각 해 볼 질 문

1. 자신이 속한 예배 공동체가 실천하는 예배에서 가장 자주 언급되거나 가장 중요한 시간(절기 또는 기념일)은 무엇입니까? 예배에 가장 영향을 미치는 시간의 개념이나 이해는 무엇입니까?

2. 그리스도의 생애를 따르는 시간 개념을 예배에서 적용하기 위해서 가장 필요한 과제는 무엇이라고 생각합니까?

3. 그리스도의 삶과 사역을 기초로 해서 성경 읽기를 구성해 놓은 '렉셔너리(lectionary)'를 사용할 때 주어지는 유익과 한계는 각각 무엇일까요?

Question
11

"기독교 예배에서 실천해 온 기도에 대해서 궁금합니다. 기도는 설교나 성찬 또는 음악과는 달리 예배의 구성 요소이지만 상대적으로 그 의미와 중요성이 강조되지 않은 듯합니다. 예배 안에서 실천하는 공동 기도는 개인적으로 하는 기도와 다르다는 것을 알고 있습니다. 그러면 기독교 예배에서 실천해 온 기도는 어떤 방식이 있으며, 오늘날 예배에서의 적용과 갱신을 위해서 무엇을 고려하고 노력해야 하나요?"

예배와 공동 기도(Public Prayer)

기독교 예배에서 기도에 대한 관심을 가지고 질문하는 것은 매우 중요합니다. 기도는 예배에서 매우 중요한 의미를 차지하지만 상대적으로 그 의미와 역할에 대해서는 간과되어 왔습니다. 오늘날 예배 갱신의 주된 관심은 설교, 음악, 그리고 성찬과 관련되어 있습니다. 설교의 이해와 실천을 새롭게 시도하고 다양한 음악적 시도를 통해서 회중의 참여를 유도하여 전통적 유산으로서의 성찬 회복을 통해 기독교 예배의 의미를 새롭게 복원하려고 노력합니다. 아울러 예배 공간을 새롭게 바꾸거나 새로운 시각적 이미지들을 사용하기도 합니다. 이러한 다양하고도 창의적인 예배 갱신을 위한 노력들 중에서 기도는 상대적으로 꽤 오랜 시간 동안 간과되어져 왔습니다. 또한 기도를 개인 기도 측면에서 이해하고 실천하는 방식으로 인해서 공동체가 예배에 함께 모여 기도하는 것에 대한 의미와 실천의 중요성을 쉽게 받아들이지 못하고 있습니다. 이로 인해서 많은 예배 참여자들은 예배에서 기도의 의미와 역할 그리고 하나님과의 관계에서 기도가 차지하는 중요성에 대해서 간과하게 되었습니다. 더 나아가 예배 갱신을 위한 과제에 의도적으로 기도를 포함시키지 않곤 합니다.

그런데 우리가 먼저 기억해야 할 것은 기도가 역사적으로 매우 중요한 예배의 구성 요소라는 점입니다. 기독교 예배에는 여러 가지 필수 구성 요소가 있습니다. 단순히 회중이 모여 있는 것을 가리켜 예배라고 하지 않습니다. 예배를 위한 필수 구성 요소(ordo)에 속하는 것은 신학, 교단, 그리고 예배 공동체가 속한 전통에 따라 서로 다릅니다. 그럼에도 기독교 전통에서 공통적으로 인정하고 실천해 온 필수 구성 요소에는 말씀(읽고 설교하는 것)과 성찬, 그리고 기도가 포함됩니다. 현대 예배에서 상대적으로 중요한 위치를 차지하는 음악은 역사적으로 예배의 필수 구성 요소에 포함되지 않았던 시대(예를 들어, 종교개혁 시대의 츠빙글리 예배)가 있었지만, 기도는 모든 교단과 전통에서 예배의 필수 구성 요소로 포함시켰습니다. 또한 종교개혁의 전통을 따르는 대부분의 예배 공동체에서는 기도가 그들의 정체성을 드러내는 데 매우 중요한 역할을 했습니다. 중세 교회의 오랜 전통에 대한 개혁을 시도한 종교개혁자들의 주된 관심은 기도에 있었습니다. 중세 교회의 예배는 성찬 중심의 복잡하고 난해한 긴 기도문(Canon)들을 사용했습니다. 종교개혁자들이 한 예배 갱신은 이러한 복잡하고 난해한 긴 기도문들을 단순화시키고 기도의 표현 방식과 내용을 회중이 정확히 이해하며 참여하게 하는 것이었습니다. 이와 같이 기도는 예배를 구성하고 갱신하는 데 역사적으로 매우 중요한 의미를 지니고 있으며 지금도 지속해야 할 갱신 과제에 포함됩니다.

예배 안에서의 기도는 개인 기도가 아닌 공동 기도입니다. 전통적으로 예배 안에서의 기도는 단회적으로 이루어지기보다는 예배의 시작과 진행 과정 그리고 마지막 순서에 이르기까지 여러 차례 반복적으로 실천되었습니다. 우선 예배의 처음 시작을 알리는 초청(invocation)은 대부분 성경 말씀과 함께 기도의 방식으로 이루어지고 예배의 처음 부분에 시행되는 죄의 고백(confession)도 예배 참여자들이 기도를 통해서 고백했습니다. 또한 예배의 구체적인 전통과 상관없이 대부분의 한국 교회는 성경 말씀을 읽고 설교하기 전에 하나님의 임재와 일하심을 간구하는 조명기도(illumination prayer)를 포함시키고 있습니다. 원래 중세 예배의 성찬에서 그리스도의 임재와 연결되었던 조명기도를 새롭게 말씀과 연결시킨 것을 지금까지 실천하고 있는 것입니다. 그리고 설교 후 목회자는 이른바 '목회 기도'를 통해서 말씀에 대한 반응으로 하나님이 제시하신 세계를 확신하고 살아가도록 결단하고 권면하는 순서를 포함시킵니다. 마지막으로 예배를 마무리하는 시간에 파송하는 것도 '축도'라 불리는 기도로 이루어집니다. 이와 같이 예배에서 기도는 단회적 순서가 아니라, 예배 전체에 구체적으로 각각의 순서들과 연결되거나 독립된 순서로 다양하게 나타납니다.

예배 안에서의 기도와 관련해서 매우 중요한 역사적 관심과 주제는 기도의 방식과 관련됩니다. 전통적으로 기도문을 통해서 기도하는 방식(written prayer)과 기도문 없이 즉흥적으로 기도하는 방식(extemporaneous prayer)이 있습니다. 주로 로마 가톨릭교회, 동방교회, 영국 성공회 그리고 간혹 전통적 방식을 따르는 루터 교단의 경우 예배에서 기록된 기도문을 사용합니다. 감리교와 장로교의 경우 일부는 기록된 기도문을 사용하지만 대부분 즉흥 기도의 방식을 주로 사용합니다. 오순절 전통을 중심으로 한 비예전적 교단에서는 예배에서 기록된 기도문을 사용하는 경우는 거의 없고 즉흥 기도 방식을 사용합니다. 오늘날 어떤 기도 방식을 사용하는 것이 더 바람직한지에 대해서는 교단, 신학, 그리고 예배 전통과 개인적인 선호에 따라서 서로 다르게 말합니다. 따라서 모두에게 적합한 하나의 기도 방식을 모범적 대안으로 제시하는 것은 매우 어렵고 불가능합니다. 다만, 기록된 기도문에 담긴 매우 정교하고도 심도 깊은 언어 사용과 신학적 깊이를 존중해야 합니다. 동시에 성령의 인도하심 가운데 주어진 상황에 적합한 적실성 있는 언어 표현과 사용 방식을 간과해서는 안 됩니다. 어떤 방식을 택하든 중요한 것은 기도 언어 사용의 중요성을 인정하면서 기도의 내용과 방식을 의도적으로 세심하게 준비해서 실천해야 한다는 것입니다.

예배 기도의 구체적인 실천과 관련해서 고려할 수 있는 대표적인 기도는 목회기도(pastoral prayer)입니다. 한국 교회의 많은 예배들은 선교사들의 영향으로 인해서 목회기도를 이른바 예배 공동체의 대표가 예배 전반부에 실천하는 대표 기도로 통합시켰습니다. 한국어 사용이 서툴렀던 초기 선교사들이 마음을 담아 인도하는 기도를 위해서 교인들 가운데 대표 기도를 인도하게 했던 것이 고착되어 지금까지 이어지고 있습니다. 그런데 목회기도를 누가 하는 것이 바람직한가보다는 목회기도의 내용에 관심을 갖고 현대 예배에 적용하는 것이 더 필요하고 중요한 과제입니다. 목회기도의 가장 중요한 특징은 이른바 '중보기도(prayer of intercession)'의 성격과 내용에 있습니다. 초대교회는 예수님의 가르침에 따라 공동체가 함께 예배할 때 공동체만의 영적 성장과 유익이 아니라, 신앙 여부와 상관없이 원수를 포함한 모든 사람들과 세상을 향한 하나님의 개입과 주권적 인도하심을 확신하고 그것을 중보 방식으로 목회기도에 포함시켰습니다. 기독교 공동체가 예배 안에서 함께 모여 공동체뿐만 아니라 공동체 밖의 사람들과 세상을 향해서 한 중보기도는 이웃과 세상을 하나님의 관점에서 바라보고 포용하는 삶을 살아가게 하는 실천의 의미를 지닙니다. 오늘날 현대 예배가 이른바 선교적 지향을 실천할 수 있는 매우 중요한 영역은 바로 목회기도에 있습니다.

   기도와 관련한 예배 갱신을 위해서 고려할 두 번째 기도는 탄식기도(prayer of lament)입니다. 초대 교회 공동체는 기도와 관련해서 유대교의 기도 전통을 이어받아 예배할 때 구약의 기도집인 시편을 사용했습니다. 시편은 하나님의 말씀이면서 동시에 예배 역사에서는 공동체가 사용하는 기도의 내용을 담고 있는 하나님의 말씀입니다. 총 150편으로 구성된 시편 가운데 가장 중요하고 의미 있는 시편은 바로 탄식시 혹은 탄식기도입니다. 초대 교회는 이러한 탄식기도를 예배에서 빼지 않았습니다. 탄식기도의 구성은 다음과 같습니다. (1) 하나님을 향한 고백(address), (2) 탄식(lament)의 직접적이고 구체적인 표현, (3) 그럼에도 불구하고 드러내는 신뢰의 고백(confession of trust), (4) 주어진 여건에서 필요로 하는 하나님의 도우심과 간섭에 대한 구체적인 간구(petition), (5) 그리고 마지막으로 삶의 주인이신 하나님을 향한 찬양(praise)으로 구성됩니다. 초대 교회는 이러한 탄식기도의 내용과 방식을 예배 가운데 구체적으로 포함시켰습니다.

이것은 오늘날 긍정적인 상태를 유지하거나 얻어내는 것이 곧 기독교 신앙이라는 관점과는 다른 의미가 있습니다. 탄식은 삶에서 경험하는 고통과 아픔과 불의를 전능하시고 의로우신 하나님께 직접 가져가는 인간의 반응입니다. 기독교 예배는 순전한 자들의 고통과 아픔 그리고 사회의 구조에서 드러나는 불의와 부정을 구체적으로 탄식의 언어를 사용해서 하나님께 연결시켜 줍니다. 근대 이후 인간의 가능성과 문명의 진보가 사람들의 세계관을 지배하기 시작하면서 기독교는 언제나 새로운 가능성을 드러내는 긍정의 측면과만 연결되어 왔습니다. 이것은 오늘날 이른바 축복의 복음이나 긍정의 복음과 같은 현상과 어울려 예배의 방식에서 기도를 지배하기 시작했습니다. 곧 예배에서의 기도를 긍정의 상태를 얻어내는 신앙의 방식으로 이해하고 실천했습니다. 결국 많은 기독교인들과 예배 인도자들은 삶의 어려움과 고통 가운데 함께 모여 무엇을 어떻게 기도해야 할지 모르는 영적 불균형을 경험하고 있습니다. 실제로 2001년에 미국에서 911사건이 발생했을 때, 거의 대부분의 미국 교회들이 사건 발생 이후 첫 주일에 모여 무엇을 기도해야 할지 몰라 당황해했다는 것은 오늘날 탄식기도의 필요성과 의미를 잘 제시해 줍니다. 이와 같이 예배에 탄식기도를 기도의 한 부분으로 포함시키는 것은 삶의 모든 영역을 하나님과 연결시킨다는 점에서 매우 중요합니다.

결론적으로 지금까지 간략하게 살펴본 바와 같이 예배에서 공동 기도를 갱신하는 것은 매우 중요한 과제입니다. 특히 예배의 다른 구성 요소들과 비교해 볼 때, 기도는 그 의미와 중요성을 간과하기 쉽습니다. 그러나 기도는 설교, 성찬, 음악과 함께 예배에서 매우 중요한 위치를 차지하고 지속적으로 갱신의 대상이 되어야 합니다. 자신이 속한 예배 공동체가 자연스럽게 받아들인 기도의 방식과 내용에 대해서 좀 더 의도적으로 접근하고 노력해야 합니다. 기록된 기도문에 담긴 깊은 신앙 언어의 유산들을 현대화하고, 즉흥 기도의 방식에서 경험할 수 있는 성령의 직접적인 역사에 대한 강한 의존을 적실성 있게 지속해야 합니다. 목회기도를 통해서 실천한 중보적 성격을 지닌 기도 언어와 내용을 구체화시켜 예배 공동체가 선교적 지향점을 드러낼 수 있도록 노력해야 합니다. 아울러 기독교 예배 공동체의 기도문으로 사용되는 시편에 담긴 수많은 탄식기도들을 제외시키지 않고 지속적으로 고백하면서 삶의 모든 영역을 하나님과 연결시키는 구체적인 실천 방식을 유지해야 합니다.

함 께 생 각 해 볼 질 문

1. 자신이 속한 공동체의 예배 안에서 실천하는 공동 기도의 구체적인 방식들에는 무엇이 있습니까?

2. 예배 안에서 실천하는 공동 기도의 내용과 방식에서 가장 필요한 과제는 무엇이라고 생각합니까?

3. 예배 안에서의 공동 기도를 통해서 이웃과 세상을 향한 기도와 탄식의 기도를 포함시키려면 구체적으로 어떤 노력을 할 수 있을까요?

History of Worship

Question

12

"예배에 참여할 때마다 한 가지 궁금한 점이 있습니다. '하나님을 향한 인간의 행위로서의 예배'와 '인간을 위한 하나님의 행위로서의 예배를 어떻게 조화롭게 이해해야 하나요? 예배를 통해서 우리가 하나님을 초청하는 것인가요, 아니면 하나님의 초청에 우리가 참여하고 반응하는 것이 예배인가요? 단순한 회중의 모임이나 만남이 아닌 하나님과의 관계 속에서 이루어지는 예배에 대해 분명히 이해하고 참여하기를 원합니다. 또한 예배에 대한 이해가 예배의 시작에서 어떻게 표현될 수 있는지 궁금합니다."

공동 예배의 시작:
예배에로의 초청(Calling to Worship)

오늘날 많은 예배자들은 예배에 대한 분명한 이해나 확신을 가지고 공동 예배에 참여하기보다는 예배 인도자들이 준비하고 계획하고 이끄는 방식에 수동적으로 참여합니다. 대부분의 예배 참여자들은 예배의 전체적인 흐름과 구체적인 진행 과정보다는 음악, 설교, 그리고 새로운 소식을 알리는 광고나 특별한 순서 등에 관심을 갖습니다. 예배를 전체로서의 한 흐름으로 이해하고 참여하기보다는 독립된 구성 요소들의 조합으로 받아들입니다. 그래서 예배를 준비하고 인도하는 자들과 참여하는 자들 모두가 스스로 중요하다고 여기는 요소들에는 집중하고 그렇지 않은 요소들에는 별로 신경을 쓰지 않고 참여하게 됩니다.

　이러한 현상은 우선 예배의 파편화를 초래합니다. 각각의 구성 요소들, 곧 음악, 설교, 기도 등과 같은 독립된 순서들 자체로는 매우 훌륭하지만 그것들이 하나의 의미로 연결되지 못할 때가 많습니다. 예를 들어, 예배 안에서 음악은 그리스도의 탄생을 선포하고 경배하는 찬양으로 집중되는데, 설교는 그리스도의 떠나심과 성령의 강림을 강조할 수 있습니다. 이 경우 찬양과 설교는 그 자체로 훌륭한 고백과 선포가 될 수 있지만 하나의 예배 안에서 서로 의미가 충돌하게 됩니다. 음악 자체의 탁월한 기능을 드러내고 설교의 강력한 메시지가 전달되지만 두 요소를 서로 연결하면 충돌이 일어납니다.

 예배 전체를 하나의 연결된 의미로 이해하지 않을 때 발생하는 또 다른 현상은 예배 구성 요소들이 지니는 각각의 의미를 간과하는 것입니다. 예배 안에서 중요하다고 생각하는 요소에만 집중하게 되어 다른 요소들이 지니는 의미와 그 역할을 제대로 경험하지 못하는 것입니다. 예를 들면, '찬양과 설교' 중심의 예배라는 표현을 강조하며 예배를 기획하고 인도할 경우, 예배는 찬양과 설교에 집중하게 됩니다. 이 경우 예배의 다른 구성 요소들은 찬양과 설교 전과 후 또는 그 사이에 추가되는 요소에 불과한 것으로 간주됩니다. 예배 안에서 진행하는 기도, 헌금, 광고, 특별한 안내와 환영 등 다양한 순서들이 찬양과 설교를 방해하는 것 또는 불필요한 것들로 간주되어서 예배 안에서 자연스러운 과정으로 경험되지 못하기도 합니다. 그러나 기독교 예배의 전통은 예배를 단순화하는 데 집중하기보다는 예배의 시작과 진행 과정, 그리고 마지막 순서에 이르기까지 하나의 의미로 유기적인 흐름을 지닐 수 있도록 모든 순서와 구성 요소에 의미를 부여했습니다.

예배 구성 요소들의 파편화 또는 부자연스러운 진행은 예배에 대한 이해를 새롭게 요청합니다. 예배는 하나님과 하나님의 백성들 사이에서 이루어지는 관계를 일정한 방식을 통해서 표현하고 경험하는 의식이라고 볼 수 있습니다. 전통적으로 예배는 예전이라 불리는 'liturgy'라는 표현에서 그 의미를 찾아왔습니다. 실제로 기독교 예배를 뜻하는 'liturgy'라는 말은 헬라어에서 공동의 일, 작업(public work)을 뜻하는 'leitourgia'라는 표현에서 비롯된 것입니다. 이 말은 원래 오늘날 이해하는 것과 같은 기독교 예배를 뜻하기보다는 지역 사회를 위한 공동의 헌신 또는 희생적 참여를 뜻했습니다. 지역 사회를 위한 잘 규정된 헌신과 봉사를 뜻하는 이 말을 기독교 공동체에서 헌신과 섬김을 뜻하는 'service'라는 표현으로 이해했고, 그것을 하나님께 적용해서 사용했습니다. 이러한 배경으로 인해서 예배는 하나님의 백성들이 하나님을 향해서 공동체가 잘 규정된 방식으로 섬기는 행위를 가리키는 의미로 발전했습니다.

예배가 하나님의 백성들이 하나님을 향해서 질서 있고 정교한 방식으로 실천하는 공동의 섬김이라는 개념은 전통적으로 예배에 대한 이해와 실천에서 매우 중요한 토대를 제공해 주었습니다. 오늘날 예배 갱신을 시도하려는 많은 예배 이론가들과 실천가들은 이 개념(하나님을 향한 하나님의 백성들의 공동체적 섬김 방식과 표현)을 근거로 예배를 좀 더 새롭게 그리고 적극적으로 참여하는 방식으로 이끌기 위해서 노력하고 있습니다. 예배의 실천에서 예배 참여자들의 문화에 관심을 갖고,

예배의 대상이 회중이 아닌 하나님께 있다는 것을 강조하며, 나아가 예배 행위를 하나님을 향한 공연 방식으로 이해하고 실천하는 것입니다. 특히 예배를 하나님을 향한 하나님의 백성들의 공동체적 공연(play 또는 performance) 방식으로 이해하는 것은 기독교 실존주의 철학자인 키에르케고르(Kierkegaard)에게서 발전했습니다. 예배를 백성들의 공동의 행위 또는 공연으로 이해하고, 예배의 대상을 하나님으로 분명히 규정하였습니다. 예배의 대상인 하나님을 향해서 회중이 적극적으로 참여하는 예배를 구체적으로 제안합니다. 이때 예배 인도자들이 예배에 참여하는 회중으로 하여금 공연의 대상인 하나님을 향해서 적극적으로 참여하게 하는 주된 책임이 있다는 것을 강조합니다.

　예배를 하나님의 백성들이 진행하는 공동의 섬김 또는 공연으로 이해하고 실천하는 노력은 오늘날 회중의 문화에 지나치게 동화하려는 예배를 경계하며 적실성 있는 대안 역할을 합니다. 특히 구도자 중심의 전도 집회 방식에 근거한 모임을 예배로 직접 연결해서 적용하는 현대 예배의 친문화화 현상의 바람직한 대안이 되고 있습니다. 무엇보다도 예배의 대상과 중심이 인간이 아니라 하나님이라는 측면으로 전환해서 예배자들의 참여를 유도하는 것은 매우 적실성 있는 예배 원칙으로 사용되고 있습니다. 그런데 공공의 일과 섬김(public work)을 뜻하는 예배의 의미와 관련해서 키에르케고르의 주장에 근거한 공연 이론(하나님을 대상으로 한 백성들의 공연으로서의 예배)은 기독교 예배의 신학적 이해와 신앙적 수용을 간과할 수 있는 한계가 있습니다. 기독교 공동체는 예배와 관련해서 단지 하나님을 향한 인간의 일(people's work for God)로서 공공의 일과 섬김(liturgy)뿐만 아니라, 인간을 위한 하나님의 일(God's work for people)로서의 거룩한 일과 섬김(liturgy)이기도 합니다. 또한 기독교 공동체는 전통적으로 예배를 이해하고 실천할 때 '하나님을 위한 인간의 행위'보다는 '인간을 위한 하나님의 행위'를 더욱 강조해 왔습니다. 예배를 하나님이 하나님의 백성들을 위해서 일하시는 의식화된 방식으로 이해했고, 하나님의 백성들은 예배를 통해서 하나님의 능동적인 일하심에 참여(participation)함으로써 은혜를 경험해 왔습니다.

예배의 주체를 하나님으로 이해하면 예배의 전 과정을 하나님이 행하시는 일로 받아들이고 그 모든 과정에서 하나님이 허락하시는 은혜를 경험하게 됩니다. 전통적으로 예배 안에서 하나님이 하나님의 백성들을 위해서 행하시는 일은 크게 네 가지로 구분되어서 실천했습니다. 그 네 가지는 모임(the service of gathering), 말씀(the service of the Word), 성찬(the service of the Table), 그리고 파송(the service of sending)으로 구분됩니다. 역사적으로 기독교 공동체는 이 네 가지를 기독교 예배의 핵심 구성 요소로 간주해서 실천했습니다. 단지 역동적이고 영감 있는 찬양과 강력한 말씀이 선포되는 축약된 예배가 아니라, 처음 모임부터 마지막 파송에 이르기까지 하나님이 자신의 백성들을 위해서 직접 행하시는 구체적인 은혜의 과정으로 이해하고 실천했습니다.

이런 점에서 오늘날 예배가 각각의 분리된 요소의 조합으로 이루어지는 파편화된 현상이 되거나 각자 중요하게 생각하는 것 한두 가지에 집중하는 오류를 범하지 않도록 노력해야 합니다. 이를 위해서 가장 필요한 실천은 예배의 처음부터 하나님이 주체로 임재하시며 예배를 이끌고 계시다는 것을 인식하고 의도적으로 받아들이고 참여하는 것입니다. 기독교 예배 전통에서 이러한 순서를 '예배에로의 초청(calling to worship)'이라고 불렀습니다. 하나님이 주도적으로 예배자들을 초청하는 것을 공적으로 표현하는 이 방식은 예배가 자발적 모임이 아닌 초청받은 자들의 모임이라는 성격을 분명히 드러냅니다. 기독교 예배의 역사에서 '예배에로의 초청'은 다양한 방식으로 이루어져 왔습니다. 그러나 다양한 방식들로 표현된 예배 초청에도 불구하고 한 가지 공통점은 하나님의 부르심을 강조하는 것입니다.

오늘날 예배에로의 초청 역시 다양한 방식으로 이루어지고 있습니다. 예배 인도자가 선포하기도 하고, 기도를 통해서 진행하기도 하고, 찬양대나 찬양팀의 음악 등과 같은 방식으로 표현되기도 합니다. 예배에로의 초청과 관련해서 중요한 것은 그 표현을 어떻게 하느냐보다 그 표현의 내용이 무엇을 담고 있느냐입니다. 기독교 예배의 역사에서 드러난 다양한 방식의 예배에로의 초청은 모두 하나님의 부르심에 대한 인간의 반응으로서의 참여를 직간접적으로 강조하고 표현합니다. 따라서 예배 인도자가 예배에 초청하는 첫마디의 표현이나 기도 또는 회중 가운데서 예배에로의 초청 방식으로 행해지는 첫 고백(찬양 또는 기도)은 모두 하나님의 부르심을 받은 회중의 정체성을 분명히 드러내는 것이어야 합니다. 이러한 첫 언어적 표현의 중요성에도 불구하고 오늘날 대부분 예배의 첫 시작이 예배의 기상 정보로 이루어지는 경우가 많습니다. 예를 들어, "이렇게 화창하고 맑은 날에 하나님을 예배하기 위해서 오신 여러분"이라든가 "비가 오고 날씨가 좋지 않은데도 예배하기 위해서 오신 여러분"과 같이 예배와 날씨를 연결시켜 단순한 의미로 사회자와 예배자들 사이에서 이루어지는 '예배를 위한 기상 정보(liturgical weather forecasting)'로 축소시켜 버리는 경우를 주의해야 합니다.

아울러 예배에로의 초청에서 가장 중요한 것은 예배 참여자들이 부름 받아 모인 공동체라는 수동성을 강조하는 것입니다. 하나님의 주도적인 초청에 수동적으로 반응해서 모인 예배자들의 정체성을 이해하고 강조하는 것은 시간적으로 매우 짧지만 중요합니다. 무엇보다도 예배와 관련한 수동적 반응으로서의 참여는 현대인들에게 불편한 방식이기 때문입니다. 우리 시대의 문화는 무언가 능동적이어야 하고, 스스로 선택해서 삶을 결정하는 데 익숙합니다. 이러한 현대인들에게 예배의 시작에서 수동적 반응을 요구하는 것은 매우 어려운 과제입니다. 특히 현대 문화는 상업자본주의의 영향에 의해서 스스로의 가치를 지닌 '고객'이나 '손님'으로 대우받는 것에 익숙합니다. 동시에 군대나 의무로 참여하는 특정한 훈련에 '소집'되는 것에는 그다지 즐거운 반응을 보이지 않습니다. 이런 분위기에 익숙한 사람들에게 예배에로의 초청을 통해서 하나님의 부르심이 삶의 출발점이라는 것을 매번 주기적으로 반복되는 예배의 시작에서 강조하고 실천하는 것은 매우 중요한 의미가 있습니다. 하나님과의 관계에서 예배의 시작을 통해 하나님의 부르심이 그 출발점이라는 것을 강조하고 경험하는 것은 삶에서도 기억하고 드러내야 할 중요한 방식이기 때문입니다.

함 께 생 각 해 볼 질 문

1. 자신이 속한 공동체 예배에서 첫 시작을 알리는 예배의 초청은 어떻게 진행하고 있으며, 그 특징은 무엇입니까?

2. 다양한 방식들(기도, 인사, 찬양)을 사용하여 예배에로의 초청을 할 때 그것이 인간의 환영이 아니라 하나님의 환영이라는 측면을 드러내기 위해서 무엇을 어떻게 실천해야 한다고 생각합니까?

3. 예배가 하나님을 향한 인간의 다양한 표현 방식들을 넘어서서 하나님이 대상일 뿐만 아니라 주관하시는 분이라는 점을 드러내기 위해서 예배자가 지녀야 할 태도와 방식은 무엇입니까?

Question

13

"기독교 예배는 이따금 세례라고 불리는 의식을 실천합니다. 많은 예배자들이 세례를 받았고 또 세례 받는 모습을 예배 중에 보게 되는데 기독교 예배와 세례의 관계는 무엇인지 궁금합니다. 아울러 세례가 예배 안에서 실천되는 의식이라면 어떤 의미를 갖고 어떻게 실천하는 것이 바람직한가요? 비록 매주 세례를 베푸는 의식이 진행되는 것은 아니지만 예배 안에서 실천하는 세례에 대한 의미와 역할을 분명히 알고 싶습니다. 특히 세례가 예배 중에 진행될 때, 그것이 꼭 세례를 받는 자들만을 위한 것이 아니라 이미 세례를 받은 자들도 참여해야 하는데 어떤 것이 바람직한지 구체적으로 알고 싶습니다."

기독교 예배와
세례(Baptism)

기독교 예배에서 세례(baptism)는 성찬(the Lord's Table)과 더불어 대표적인 성례(sacraments)로 간주됩니다. 세례는 매주 기독교 예배에서 실천하지는 않지만 기독교 예배와 함께 발전한 신앙 의식입니다. 기독교 예배는 세례의 이해와 발전, 그리고 구체적인 실천과 관련해서 빼놓을 수 없는 중요한 의미와 역할을 지니고 있습니다. 그런데 안타깝게도 오늘날 많은 예배자들 가운데 세례가 예배와 관련해서 어떤 의미를 지니는지에 대해 구체적으로 이해하고서 실천하는 경우는 그리 많지 않습니다. 이런 점에서 세례에 대한 관심을 갖고 그것이 예배와 관련해서 어떤 의미를 지니는지에 대해 의문을 갖는 것은 예배 갱신과 관련해 매우 중요합니다.

 세례가 예배와 관련해서 어떤 의미가 있고 역할을 하는지에 대해서 살펴보기 전에 왜 오늘날 예배에서 세례에 대한 관심과 이해가 상대적으로 축소되었는지를 먼저 살펴볼 필요가 있습니다. 오늘날 대부분의 복음주의 예배의 구체적인 구성과 진행 방식은 세례에 대한 이해와 역할을 충분히 하지 못하도록 바뀌었습니다. 복음주의 예배에서 가장 중요한 것은 크게 두 가지입니다. 하나는 말씀에 대한 분명한 이해와 깨달음을 얻는 것이고, 다른 하나는 음악을 통한 강한 감정의 몰입와 표현을 경험하는 것입니다. 말씀을 강조하는 예배나 영감 있는 음악을 경험하는 예배가 잘못되었다거나 문제가 있는 것은 아닙니다. 그러나 이러한 예배의 실천이 지니는 의미와 한계를 분별해야 합니다. 기독교 예배는 단지 지성을 사용해서 깨달음을 경험하는 것이 아닙니다. 또한 감정의 몰입과 표현의 예술성에서만 역동적인 예배를 찾지도 않습니다.

이 두 가지는 데카르트(Descartes)와 낭만주의라고 불리는 근대성에서 비롯된 예배 실천입니다. 사고(思考)와 지성을 강조한 근대 철학의 창시자인 데카르트는 기독교 예배를 말씀을 통한 지성의 반응으로 변화시키는 데 영향을 미쳤습니다. 창의성과 독창성을 강조한 낭만주의 예술의 이해는 기독교 예배를 음악을 통한 독특하고도 차별적인 감정 표현을 중요한 기준으로 설정하는 데 기여했습니다. 이러한 근대성에 근거한 예배의 이해와 실천은 전통이 지니는 의미와 가치보다는 새로움과 차별 그리고 탁월성이라는 기준들로 예배를 변화시켰고, 더 나아가 현대 문화의 공연과 관람이라는 방식을 차용해서 이른바 '수준 있는, 탁월한' 또는 '차별성 있는'과 같은 용어들을 사용해서 예배를 구분 짓는 데 집중했습니다.

설교의 메시지와 음악적 탁월성을 강조하는 현대 예배는 초대 기독교 공동체 이후 지난 15세기 이상 기독교 예배의 중심을 차지했던 성찬을 주변으로 밀어버렸습니다. 성찬은 단지 예배에서 빼 버릴 수 없는 기억하거나 기념하는 의식으로 축소되었습니다. 하나님의 임재를 경험하고 그 임재에 참여하는 가장 중요한 예배의 중심이자 정점이었던 성찬은 현대인들에게 어색하고 때로는 불편하기까지 한 예배의 방식으로 바뀌었습니다. 그런데 사실 이 성찬은 예배자들의 전인적인 참여와 관련해서 말씀이나 음악보다 훨씬 더 중요한 의미와 역할을 합니다. 단지 지성이나 감정을 사용하는 제한된 참여가 아니라 보고, 듣고, 만지고, 맛보고, 그리고 심지어 향기까지 느끼는 오감(五感)을 통해 전인적인 참여를 이끄는 데 매우 중요한 역할을 합니다.

기독교 예배에서 세례는 성찬과 연결되어, 매우 중요한 의미를 지니며 발전했습니다. 초대 교회 예배의 핵심은 성찬이었습니다. 기독교 예배에서 성찬은 세례자에게 허락되는 하나님의 은혜의 방편이었습니다. 초대 교회 예배에서 말씀의 예배를 마치면 세례 받은 자와 세례 받지 않은 자들이 구분되었습니다. 세례 받은 자들은 성찬의 자리로 초청을 받았고, 세례를 받지 못한 자들은 자신의 삶과 신앙을 돌아보며 예배 공동체에 온전히 입문하기 위해서 일정 기간 동안 별도의 교육을 받았습니다. 초대 교회의 경우 약 3년 동안 자신의 신앙에 대한 이해와 점검, 그리고 공동체 앞에서의 신앙 확증과 고백을 통해서 세례를 받은 후에 성찬의 자리로 초청을 받아 온전한 예배 공동체의 일원으로 참여했습니다. 성찬 중심의 예배에서 세례는 온전한 예배 공동체가 되기 위해서 반드시 필요한 입문 과정이었습니다.

이런 이유로 성찬 중심의 예배가 아닌 오늘날 현대 예배에서 세례를 강조하거나 세례의 의미를 부여하는 일은 매우 어렵습니다. 세례를 받지 않아도 말씀을 깊이 받아들이고 은혜를 경험할 수 있습니다. 세례를 받지 않아도 예배 음악의 깊은 영감에 빠져 들고 감정에 몰입하거나 표현할 수 있습니다. 그렇다고 해서 예배적인 측면에서 세례의 의미를 복원하기 위해 오늘날 예배의 중심을 차지하고 있는 말씀과 음악의 위치를 다시 바꾸는 것은 어렵습니다. 또한 세례와 성찬의 연결이 지니는 깊은 의미에 대한 공유 없이 단지 성찬을 매주 실천하는 것도 현실적으로 어려운 일입니다. 그렇다고 예배와 관련해서 세례가 지니는 의미와 역할을 단지 교리 교육이나 생애에 한 번 있는 세례식을 앞두고 실천하는 요리문답 교육에만 의존하는 것도 바람직하지 않습니다.

기독교 예배와 관련해서 세례의 의미와 역할을 회복하고 새롭게 실천하기 위한 공동체의 노력이 필요합니다. 무엇보다도 예배 실천에서 세례의 의미를 포괄적으로 드러내야 합니다. 세례는 서로의 관계 안에서 존재하시는 삼위 하나님께 연합되는 과정입니다. 삼위 하나님 곧 '아버지와 아들과 성령의 이름으로' 세례를 받는 것은 아버지와 아들 그리고 성령의 이름 안에(into the name) 자신이 들어가는 것을 뜻합니다. 기독교 예배를 반복적으로 실천할 때마다 이러한 삼위 하나님과의 관계성을 공식적으로 선포하고 경험하게 해야 합니다. 기독교 예배는 세례와 마찬가지로 성령의 도우심으로(in the help of the Holy Spirit), 그리스도를 통해(through Christ), 하나님 아버지의 영광(to glorify the Father)에 직접 참여하는 의식입니다. 곧 개인의 세례를 통해 삶 속에서 성령의 도우심으로, 그리스도를 통해서, 아버지 하나님과 깊은 연합의 관계를 유지하는 것을 기독교 예배의 의식을 통해서 되새기고 구체적으로 표현할 수 있는 기회를 제공해 주는 것입니다. 이와 같이 기독교 예배는 세례 의식을 진행하는 공간과 기회가 될 뿐만 아니라 세례의 의미와 정신을 구체적으로 경험할 수 있는 은혜의 방편이 됩니다.

예배와 관련해서 세례가 지니는 다른 의미와 역할은 공동체와 관련이 있습니다. 위에서 간단히 언급한 것과 같이 역사적으로 세례는 그리스도의 몸인 교회 공동체 안에서 이루어졌습니다. 특히 초대 교회에서 세례는 교회 공동체에 입문하는 필수 과정이었습니다. 세례가 개인적으로는 그리스도와의 연합을 통한 삼위 하나님에 대한 참여이지만, 공동체적으로는 그리스도와 이미 먼저 연합한 또 다른 지체들에게 받아들여지는 것을 뜻합니다. 기독교 신앙은 세례를 통해서 처음부터 공동체성을 강조해 왔습니다. 따라서 하나님 안에서 세례 받은 자들은 특권과 의무를 동시에 지닙니다. 특권은 자신과 같은 하나님의 백성들에게 연합될 수 있는 자격이 주어지는 것이고, 의무는 자신과 같이 하나님께 연합되는 자들을 적극적으로 받아들이는

(acceptance) 것입니다. 하나님이 우리를 자격과 조건을 논하지 않고 먼저 받아들이신 것을 세례를 통해서 경험합니다. 그리고 세례 받은 자들의 모임인 예배 공동체는 그러한 세례의 수용 정신을 예배에서 실천해야 합니다. 다른 사람들을 인종이나 경제 또는 신분의 차이로 인해 주어지는 자격과 조건에 상관없이 받아들여야 합니다. 특히 구분과 차별 그리고 개인주의적 가치를 강조하는 오늘날 세례는 공동체성 회복과 그 정신을 실현하기 위해서 그 의미를 새롭게 이해하고 실천해야 할 예배의 과제로 주어졌습니다.

세례가 지니는 하나님과의 연합과 공동체에서의 수용과 포용이라는 중요한 의미를 드러내기 위해서 예배 공동체는 좀 더 구체적인 실천 과제를 지닙니다. 가장 직접적인 실천 방식으로는 세례를 예배 경험에서 지속적으로 의식화할 수 있도록 시각적 장치를 마련하는 것이 도움이 될 수 있습니다. 예배 공간의 입구 또는 안쪽에 세례반을 마련하는 것은 세례를 기억 속에서 되새기게 하는 시각적 장치에 해당합니다. 또한 예배자들이 수용과 포용이라는 세례의 정신을 공동체 안에서 구체화시키기 위해서 환대(hospitality)를 위해 노력하는 것입니다. 자신이 속한 공동체의 예배가 얼마나 바르게 갱신되고 있는지에 대한 관심과 함께 자신의 예배 공동체가 하나님이 보내 주신 자들을 얼마나 적극적으로 환대하고 있는지를 살펴보는 것이 필요합니다. 예배의 구체적인 진행은 예배자들을 어떻게 받아들이고 맞이하는지에서부터 시작하기 때문입니다. 사회적으로 차별을 받거나 경제적인 차이로 함께 어울리지 못하는 사람들이 교회 공동체에서 함께 예배에 참여할 수 있도록 의도적으로 신경을 쓰는 일도 예배 갱신의 중요한 과제입니다.

　마지막으로 예배 공동체에서 실천할 수 있는 방식 가운데 하나는 세례가 신앙생활에서 얼마나 중요한 의미가 있고 역할을 하는지를 창의적인 방법으로 알아보는 것입니다. 예를 들어, 일반적으로 생일에는 카드와 선물을 받습니다. 자신의 가족이나 친구들로부터 생일 축하를 받는 것은 현대 사회에서 보편화된 의식입니다. 이러한 의식을 예배 공동체 안에서 활용하는 방법 가운데 하나는 세례 받은 날을 기억하고 축하하기 위해서 매년 그리스도와 연합되고 기독교 공동체에 입문한 것을 동일한 방식으로 축하하는 것입니다. 예배 공동체가 예배로 모일 때 또는 예배와 관련해서 모일 때, 세례를 기념하는 이들을 기도나 공식적인 표현 방법(세례 기념 축하 카드 같은 수단을 통해서)으로 기념해 주고 축하를 받는 자들에게 자신이 세례를 통해서 결단했던 것을 다시 고백하고 다짐하는 선포를 하게 하는 것은 예배 안에서 실천할 수 있는 중요한 요소가 될 수 있습니다.

함 께 생 각 해 볼 질 문

1. 세례를 통해서 주어지는 정체성은 무엇이며, 그 정체성을 얼마나 확신하고 삶에서 드러내고 있습니까? 세례가 아닌 다른 방식으로 자신의 정체성을 규정하려고 노력하는 경우가 있다면 구체적인 예를 들어 보십시오.

2. 세례를 통해서 그리스도에게 받아들여진 이들을 의도치 않게 예배 공동체에서 받아들이지 못하는 경우가 있다면 어떤 경우라고 생각합니까?

3. 공동 예배에서 세례를 실천할 때 그것이 세례 받는 자들과 세례 받을 자들 그리고 세례 받은 자들 모두에게 의미를 부여하기 위해서 할 수 있는 구체적인 과제는 무엇일까요?

History of Worship

Question
14

"기독교 예배에서 이루어지는 성찬에 대해 분명히 이해하고 싶습니다. 성찬은 주로 말씀과 음악을 중심으로 이루어지는 예배에서 이따금 정기적으로 실천하는데 그것의 의미는 무엇인가요? 또 성찬의 의미에 맞게 참여하기 위해서는 무엇을 고려하고 어떤 노력을 해야 하나요? 성찬을 매번 주일 예배에서 실천하지 않아도 되는 건가요? 마치 오래된 전통 의식처럼 느껴지는 성찬을 오늘날 예배에서 새롭게 갱신하려면 어떤 노력을 해야 하는지 궁금합니다."

기독교 예배와
성찬(the Lord's Table)

기독교 예배에서의 성찬에 대한 이해와 실천을 위해서는 예배 역사에 대한 간략한 고찰이 필요합니다. 기독교 예배에서 가장 중요한 것은 하나님의 임재를 경험하고 하나님을 향해 전인적으로 반응하는 것입니다. 지난 수천 년 동안 발전해 온 기독교 예배는 16세기까지 성찬을 중심으로 하나님의 임재를 경험하기 위해 노력했습니다. 로마 가톨릭교회와 성공회는 지금도 성찬 중심의 예배를 통해서 하나님의 임재 경험을 지속하고 있습니다. 16세기 종교개혁은 말씀을 신앙과 실천의 토대와 중심으로 삼았습니다. 예배도 예외는 아닙니다. 성경적 예배를 강조하면서 말씀이 단지 예배의 기초 역할 뿐만 아니라, 예배의 구성 요소에서 핵심을 차지하고 말씀을 통해서 하나님의 임재를 경험하도록 갱신을 지속했습니다. 그리고 최근 20세기 초반부터는 오순절 교단과 다양한 복음주의 교회들을 중심으로 음악의 역할이 주목받고 있으며, 하나님의 임재를 경험하기 위해서 반드시 필요한 예배 구성 요소로 자리 잡았습니다.

그런데 지난 1960년대 초반부터 본격화된 예배 갱신 운동은 이러한 역사적 흐름을 새로운 방향으로 전환시켰습니다. 말씀과 음악 중심의 예배를 추구하던 교단들과 복음주의 성향의 교회들이 이전의 전통적 방식에 따른 예배에 새롭게 관심을 갖기 시작한 것입니다. 이러한 영향에는 몇 년 전 세상을 떠난 로버트 웨버의 기여가 큽니다. 이른바 전통의 유산과 현대 문화의 균형 있는 조화를 예배에서 시도하려 했던 웨버는 자연스럽게 기독교 예배의 가장 중요한 전통적 실천 방식인 성찬에 관심과 비중을 두었습니다. 뿐만 아니라, 예배와 관련해서 중도적 위치에 있는 장로교(특히 북미 장로교) 교단들은 칼빈(Calivin)의 가르침과 이상(理想)에 따라서 주일 예배에 성찬을 고정된 방식으로 복원하려는 학문적, 교단적 노력을 다시 시도하고 있습니다. 이와 같이 많은 교회들이 이미 21세기의 현대 문화를 고려해서 예배 갱신을 시도하면서 동시에 성찬을 중심으로 한 예배의 전통적 방식에 대한 더욱 깊은 관심과 복원에도 동일하게 노력하고 있다는 것을 이해해야 합니다.

그러면 오늘날 우리는 주일 예배에서 실천하는 성찬에 대해서 어떤 이해와 태도를 가져야 할까요? 먼저 성찬 없이 진행하는 예배에 대한 우리의 기본적인 이해와 접근에 대해서 생각해 봐야 합니다. 오늘날 대부분의 예배자들은 말씀 없는 예배를 생각하기 어렵고, 음악 없는 예배를 상상하기 어렵습니다. 그러나 성찬 없는 예배에 대해서는 별로 어색해하거나 불편해하지 않습니다. 아마도 초대 교회와 중세 교회, 현대의 가톨릭교회와 동방교회의 예배에 익숙한 사람들이라면 무언가 중요한 것이 빠져 있는 부자연스러움과 불편함을 느끼게 될 것입니다. 예배에 대한 이해와 참여와 태도는 대부분 자신의 경험에 근거합니다. 좀 더 엄밀한 의미로 말하면 예배에 대한 신앙적, 신학적 확신보다는 경험에 근거해서 자신에게 익숙한 예배를 더 선호하게 됩니다. 신앙과 신학보다는 예배자의 기호와 취향에 따른 선택이 예배 참여와 반응에 더 결정적인 역할을 하는 셈입니다. 따라서 성찬에 대한 복잡하고 어려운 긴 역사적 논쟁과 논의들을 구체적으로 이해하거나 다루지 않더라도 성찬 자체가 기독교 예배의 중심에서 주변으로 멀어진 현상과 그것이 지닌 깊은 의미에 대한 관심과 복원이 더디게 진행되는 현실을 먼저 이해하고 있어야 합니다.

이와 같은 현실에서 예배에서의 성찬을 갱신하기 위해서는 먼저 성찬이 지닌 의미를 정확히 알고 있어야 합니다. 복음주의 기독교의 경우 성찬은 역사적으로 기독교 예배학보다는 교리를 다루는 조직신학에서 더 많이 언급하고 있습니다. 성찬이 지닌 의미에 대해서는 화체설(化體說, 로마 가톨릭), 공재설(共在說, 루터), 영적 임재설(칼빈), 기념설(츠빙글리) 등으로 구분해서 자신의 신학적 전통에 따라서 성찬의 의미를 규정하는 데 주력했습니다. 그러나 이것은 성찬의 실천 자체보다는 성찬의 의미에 집중한 논의입니다. 성찬을 구체적으로 교회의 예배에서 어떻게 실천하는 것이 바람직한지, 자신의 성찬 의미에 대한 이해를 가장 잘 드러내는 실천 방식은 무엇인지에 대해서는 자세히 다루지 않았습니다. 결국 성찬의 의미에 대한 이해를 실제로 어떻게 실천할 수 있는지에 대해서는 구체적으로 확인하지 못한 채 고백(의미)과 실천(방식) 사이의 일정한 간격을 좁히지 못하고 있습니다. 이런 상황에서 성찬의 의미를 예배의 실천적인 측면에서 다시 회복하는 것이 필요합니다.

성찬은 기독교 예배에서 하나님의 임재 경험과 관련해서 가장 핵심을 차지하는 구성 요소입니다. 하나님의 임재의 핵심은 그리스도를 경험하는 것입니다. 기독교 예배는 성령님의 도움을 통해서 하나님 아버지의 영광을 선포하기 위해, 그리고 그리스도와의 인격적인 만남을 구체화하는 연속적인 과정입니다. 성찬은 그리스도에 대한 이해뿐만 아니라 그리스도와의 구체적인 만남과 경험을 가능하게 하는 방식입니다. 그리스도께서 직접 규정하고 자신을 따르는 교회 공동체를 향해서 실천하라고 하신 예배의 필수 요소입니다.

예배의 실천과 관련해서 성찬이 지니는 가장 중요한 의미는 그리스도의 임재를 경험하는 것입니다. 성찬과 그리스도는 떼려야 뗄 수 없는 관계에 있습니다. 그리스도 중심의 예배를 실천하기 위해서는 성찬의 의미와 역할에 대해 진지하게 고민하고 실천하기 위해서 노력해야 합니다. 예배의 실천에서 그리스도를 경험하기 위한 성찬은 예배 공동체의 신학과 교단적 가르침에 벗어나지 않으면서 구체화할 수 있는 하나의 원리를 공유할 수 있습니다. 그것은 구체적으로 어떤 방식으로 실천하든지 성찬 의식의 진행을 통해서 그리스도를 새롭게 인식하고 이해하고 바라보고 깨닫게 해 줄 수 있어야 한다는 것입니다. 초대 교회 예배 공동체가 사용한 복음서 누가복음에는 성찬과 관련한 중요한 의미와 방식에 대해서 내러티브(narrative)로 제시해 줍니다. 누가복음 24장을 보면 그리스도께서 부활하신 이후 엠마오를 향해 가던 제자들과 만나는 과정에서 성찬을 재현하신 내용이 나옵니다. 예수님은 제자들과 다시 만나 떡을 떼고 축사하신 후, 그것을 함께 나누어 먹었습니다. 이러한 과정은 교회 전통에서 성찬의 의식을 설명하는 공통의 내용입니다. 교단과 신학의 전통이 달라도 성찬 의식을 실천할 때 '떼고,' '축사하고,' '나누어,' '함께 먹는' 네 가지 구별된 과정을 진행합니다. 이 과정의 구체적인 방식은 서로 다를 수 있지만 이러한 의식을 통해서 공통적으로 경험해야 하는 것은 누가복음 24장 31절에 "그들의 눈이 밝아져 그[그리스도]를 알아보니"라는 표현으로 나옵니다. 이와 같이 성찬의 구체적인 의미와 방식에 대해서 서로 다르게 이해하고 있더라도 모든 기독교 예배 공동체는 성찬을 실천할 때마다 동일하게 그리스도를 새롭게 바라보고 알아봐야 합니다. 그리스도에 대한 새로운 인식과 깨달음은 예배에서의 성찬 실천(이해가 아닌!)에서 반드시 경험되어야 할 핵심입니다.

역사적으로 신비(mystery)로 알려진 그리스도를 삶에서 예배라는 방식을 통해서 경험할 수 있는 것은 하나님에 의해서 허락된 은혜입니다. 말씀과 음악이 각각의 영역에서 그리스도의 임재를 경험하게 하는 분명한 역할을 하지만, 성찬이 지닌 고유한 그리스도의 임재를 경험하는 방식을 대신할 수는 없습니다. 그리스도는 자신을 새롭게 깨닫고 경험하는 일이 가능하도록 구체적인 방식을 제시해 주셨습니다. 이 방식은 복잡하고 어려운 것이 아니라 인간이 경험하는 가장 기본적이고 필수적인 방식입니다. 먹고 마시는 행위는 삶을 위해서 반드시 해야 할 일상의 과정입니다. 그리스도께서 자신을 새롭게 깨닫고 경험하게 하는 방식으로 정하신 것은 교단과 신학적 차이 또는 예배 공동체의 크기와 재원과 상관이 없습니다. 공동체가 함께 먹고 마시는 일상의 경험을 그리스도와 연결시켜서 진행하는 것은 예배 공동체 모두에게 차별 없이 허락된 은혜의 방편이 됩니다.

성찬을 통해서 그리스도를 새롭게 알고 깨닫고 만나는 경험을 구체적으로 예배에서 경험하기 위해서는 전통적으로 이해하고 있는 성찬의 의미를 구분할 필요가 있습니다. 초대 교회의 예배 공동체는 성찬의 의미와 관련해서 두 가지 구별된 방식으로 진행하였는데 하나는 최후의 만찬(the Last Supper)이고 다른 하나는 주의 만찬(the Lord's Supper)입니다. 최후의 만찬은 고난주간에 그리스도의 죽음을 기념하면서 그것에 참여하는 방식입니다. 그리고 주의 만찬은 나머지 기간에 그리스도의 함께하심을 즐거워하고 축하하며 누리고 참여하는 방식입니다. 주의 만찬은 그리스도께서 부활하신 이후 제자들과의 만남을 통해 자신이 죽기 전에 나눈 떡과 잔을 그대로 나누면서 새로운 의미로 전환시킨 것에 주목하고 발전시킨 것입니다. 주의 만찬에 참여할 때마다 그리스도의 함께하심을 깊이 확신하고 공동체가 함께 선포하며 그 과정을 통해서 신비롭게 주어지는 그리스도의 임재를 새롭게 깨닫고 경험했습니다. 이런 성찬의 두 가지 구별된 적용을 통해서 오늘날의 교회들은 주의 만찬(the Lord's Supper)의 의미를 좀 더 발전시킬 필요가 있습니다. 그리스도를 새롭게 바라보고 깨닫고 경험하는 것이 기독교 예배의 핵심이라면 그것을 가장 분명히 경험하게 해주는 성경적이고도 전통적인 가르침과 방식을 새롭게 주목할 수 있을 것입니다. 물론 처음부터 매주 예배에 성찬을 포함시키는 것은 그것이 비록 이상적으로나 원칙적으로 바람직하더라도 현실적으로 지혜로운 실천 방식이 될 수 없습니다. 예배 공동체가 성찬을 통해서 그리스도를 새롭게 깨닫고 만나는 경험을 하게 되면 성찬의 필요성과 중요성에 대해 확신하고서 먼저 성찬의 실천을 예배의 지속적인 방식으로 포함시킬 것을 요구할 것이기 때문입니다. 이런 점에서 성찬과 관련한 예배 갱신의 리더의 역할은 지혜와 확신 그리고 서두르지 않는 인내가 필요합니다.

함 께 생 각 해 볼 질 문

1. 자신이 속한 공동체의 예배에서 성찬은 얼마나 자주 실천하고 있으며, 그것을 실천할 때 강조하는 것은 물질에 있습니까 아니면 참여하는 자들의 경험에 있습니까?

2. 최후의 만찬(the Last Supper)과 주의 만찬(the Lord's Supper)의 공통점과 차이점은 무엇이라고 생각합니까?

3. 그리스도 안에서 차별성을 두지 않고 모두의 가치를 인정하는 성찬이 지닌 삶의 태도와 정의의 측면을 드러내기 위해서 실천할 수 있는 것들은 무엇입니까?

History of Worship

Question
15

"기독교 예배에서 성찬이 중요한 부분을 차지하고 있다는 것을 잘 알고 있습니다. 그러나 성찬에 참여할 때마다 그 깊은 의미를 실제로 경험하는 것은 여전히 쉽지 않습니다. 오늘날처럼 전통이나 신비에 대해서 적절한 이해와 경험이 없는 사람들이 어떻게 성찬에 참여해야 성경과 역사적 전통에서 요구한 의미들을 직접 실천할 수 있을까요? 성경과 역사적 기독교 예배에서 가르치는 성찬 참여의 방식을 정확히 이해하고 직접 실천하고 싶습니다. 이를 위해서 고려할 것은 무엇이며, 실천에서 적용할 것은 무엇인지 궁금합니다."

기독교 예배에서의
성찬 참여 방식

기독교 예배를 구분할 때 흔히 예전적(liturgical) 전통과 비예전적(non-liturgical) 전통이라는 말을 사용하곤 합니다. 예전적이라는 말은 '예전(leitourgia)'이라는 말에서 비롯된 것입니다. '예전'은 문자적으로 백성들이 공동으로 참여하는 일을 뜻합니다. 이미 앞서 설명한 바와 같이, 원래 기독교적 용어가 아니고 초대 교회 당시 사회의 공공 사업(public work)에 참여하는 것을 뜻했는데, 기독교 공동체가 공동으로 하나님을 위해 참여하는 일 또는 섬김의 과정을 예전이라 부르게 되었습니다. 이 용어는 다시 '하나님을 위한 백성들의 일(people's work for God)'뿐만 아니라 '백성들을 위한 하나님의 일(God's work for people)'이라는 측면도 강조했고 역사적으로 예배의 또 다른 표현이자 의미를 드러내는 방식으로 사용해 왔습니다. 그런데 근대 사회가 시작되면서 전통적인 방식의 예배를 가리켜 예전적 교회라 칭하기 시작했고, 그러한 전통적인 방식에서 새로운 자유를 선택해서 진행하는 방식의 예배를 비예전적 교회로 구분하기 시작했습니다. 좁은 의미의 예전적 교회들의 공통점은 예배의 전통적 요소들 특히 구별된 성직자의 예배 인도, 성찬의 반복적인 실천, 전통적 예배 음악의 사용, 신비감을 조성하는 예배 공간과 장식의 활용 등에 있습니다. 그런데 비예전적 교회들 역시 전통적으로 성직자의 예배 인도, 성찬의 실천, 찬송가를 비롯한 전통 예배 음악의 사용, 그리고 예배 공간의 창조적인 활용과 시각적 장치의 활용을 보여 줍니다. 사실 엄밀한 의미에서 예전적 교회와 비예전적 교회를 구분하는 것은 쉽지 않습니다. 이런 점에서 성찬의 실천은 흔히 생각하는 것처럼 예전적 전통의 유산이 아니라 모든 기독교 예배의 공동 유산입니다. 오늘날 자신의 예배가 전통적이든 현대적이든, 전통과 현대의 유산들을 균형 있게 조화시킨 통합적인 것이든 상관없이 성찬은 기독교 예배의 구조에서 빠질 수 없는 현상으로 이해하고 실천해야 합니다. 따라서 성찬은 교회 예배를 전통적인 방식으로 전환하는 것이 아니라 기독교 예배의 정체성을 오늘날 지속적으로 실천하는 것을 뜻합니다.

그러면 기독교 예배의 핵심 구성 요소인 성찬을 오늘날 복음주의 예배 공동체에서 실천할 때 구체적으로 고려하고 반영해야 할 것은 무엇일까요? 단지 성경에서 가르치는 예배의 방식이고 역사적으로 실천해 온 것이기 때문에 오늘날도 계속해서 실천해야 하는 중요하고도 필요한 것이라는 주장과 논지를 넘어서 구체적으로 현대 예배에서 반영할 수 있는 성찬 진행과 참여의 방식에 대해서 살펴보아야 합니다. 그 가운데 첫 번째 생각해 볼 과제는 성찬의 구체적인 진행 방식과 관련되어 있습니다. 성찬을 구체적인 식사 방식으로 진행할 것인지, 아니면 오늘날 대부분의 교회들에서 하는 것처럼 작은 크기의 '떡(빵)과 잔'을 사용하여 진행할 것인지를 결정해야 합니다. 성찬을 말씀과 연결시킬 때, 말씀 이전에 할 것인지 아니면 말씀 이후에 할 것인지를 결정해야 합니다. 또한 회중이 성찬에 참여할 때 성찬 테이블이 놓여 있는 예배실 앞쪽으로 나와서 받을 것인지, 아니면 회중은 자리에 앉아 있고 회중의 대표들이 전달해 주는 것을 받는 방식으로 할 것인지를 결정해야 합니다. 이러한 질문들에 대해서 신학적, 교단적으로는 일정한 답변을 얻을 수 있지만, 역사적으로는 어느 하나의 방식을 가장 적합하고 정당한 방식으로 간주하기 어렵습니다.

초대 교회는 대부분 예배 공동체가 함께 모여 식사하는 방식으로 성찬을 진행했습니다. 중세 교회를 거치면서 성찬은 식사보다는 성체라 불리는 작은 떡으로의 변화(consecration)에 더 집중하게 되었고, 대부분의 현대 교회들은 비록 서로 다른 해석을 할지라도 기본적인 방식은 큰 차이 없이 비슷합니다. 성찬을 말씀(설교) 이전에 할 것인지 이후에 할 것인지에 대해서도 어느 하나의 고정된 원리를 찾기는 어렵습니다. 고린도전서 11장부터 14장의 이어지는 성경 구절을 예배의 기본 원리로 삼으면 성찬은 말씀 이전에 실천되는 것이 바람직합니다. 실제로 초대 교회에서 그렇게 했을 가능성이 높습니다. 그러나 기독교 예배 전통은 대부분 성찬을 그리스도의 죽음과 부활로 집중되는 설교 메시지의 드라마적 실천이라는 해석을 따라 말씀 이후에 했습니다. 아울러 성찬에서 떡과 잔을 받는 방식에 대해서도 실천 방식을 규범화하기는 어렵습니다. 중세 교회와 로마 가톨릭교회는 성찬 중심의 예배였고 회중이 직접 성찬 테이블로 나아가서 떡을 받았습니다. 종교개혁 시대 이후 스코틀랜드 장로교회의 경우는 성찬을 위해서 분비된 테이블 주변에 모든 성도들이 함께 모여 떡과 잔을 받기도 했습니다. 그러나 성찬 테이블의 크기에 따른 한계와 말씀 중심의 예배에 대한 변화로 인해서 성찬을 받는 방식은 흔히 많은 교회들에서 하고 있는 것처럼 회중은 자리에 앉아 있고 대표자들이 분병과 분잔을 해 주는 방식으로 실천하고 있습니다. 이러한 다양한 실천 방식들에 대한 역사적 이해를 통해서 볼 때 고정된 어느 한 가지 방식이 성찬 실천의 절대적인 규범이라고 보기에는 무리가 따를 수 있습니다. 각 예배 공동체는 역사적 실천 방식의 다양성에 대해 이해하고 그 공동체가 속한 교단과 신학적 전통을 존중하면서 나름대로 가장 적합한 방식을 찾아 실천하기 위해 노력하는 것이 바람직합니다.

성찬의 실천과 관련해서 고려할 두 번째 과제는 성찬의 내용과 횟수에 관한 것입니다. 성찬에 사용할 수 있는 떡과 잔을 무엇으로 하는 것이 가장 적합한지에 대한 논의와 실천을 뜻합니다. 예배의 문화화 또는 상황화(contextualization of liturgy)로 불리는 학문 영역에서 가장 활발하게 논의하고 있는 문제가 바로 성찬의 내용물에 대한 문화적 적용입니다. 초대 교회에서 사용한 '떡과 잔'에 대한 이해를 문화적으로 새롭게 적용해야 한다는 원칙에 따라 예배 공동체가 먹고 마시는 가장 일상적인 음식을 성찬에 사용하는 것이 바람직하다고 주장합니다. 때로 이러한 급진적인(?) 주장에 대해서 경계하거나 쉽게 받아들이지 못하는 경우도 있습니다. 그런데 성찬의 실천에서 중요한 것은 그리스도의 임재를 음식이 결정하는 것이 아니라, 성찬을 실천하는 공동체의 참여 자체에 있습니다. 따라서 성찬을 위한 떡과 잔에 대한 구체적인 규범을 찾기보다는 예배 공동체가 서로 합의하고 인정해서 결정하는 것이 가장 바람직합니다. 떡과 잔 자체가 주술적으로 또는 무슨 신비한 능력을 가지고 있는 것처럼 받아들이기보다는 떡과 잔을 통해서 경험하는 그리스도의 임재에 더 초점을 두어야 하기 때문입니다.

또한 성찬과 관련해서 횟수 문제도 역사적으로 매우 중요한 논의 대상이 되고 있습니다. 중세 교회까지는 거의 예외 없이 모든 예배에서 성찬을 실행했습니다. 그러나 종교개혁 이후 유럽과 북미의 근현대 교회에서는 교회에 따라서 매월 실천하기도 하고, 분기별로 실천하기도 하며 일 년에 두 번만 실천하기도 합니다. 성찬의 횟수는 이론적으로 자주 실천하는 것이 바람직하다는 주장이 지배적으로 받아들여지고 있지만 구체적인 실천과 관련해서는 예배 공동체마다 서로 다른 모습을 보이고 있습니다. 종교개혁 당시 성찬의 횟수를 제한한 이유들 가운데 하나는 형식적으로 이루어지는 중세 예배의 성찬에 대한 반작용이었습니다. 매주 예배에서 성찬을 진행하지만 실제로 예배자들은 일 년에 한 번 참여하는 것으로 만족했기 때문에 굳이 형식적으로 매주 실천할 필요가 없다고 확신했습니다. 그 후 유럽, 특히 스코틀랜드의 경우 성찬의 공동체적 참여를 위해서 각기 서로 다른 교구에 속한 이들이 함께 모여 성찬에 참여하는 방식을 정착시키다가 결국 분기별로 실천하게 되었고, 다른 지역들에서는 성찬을 인도할 목회자의 부족과 다른 여러 가지 이유들로 인해서 성찬을 매주 예배의 구성 요소로 포함시키지 못했습니다.

이러한 복잡한 역사적 변화 방식들의 영향을 받은 현대 교회들은 각각의 신학적 전통과 교단의 가르침에 따라 횟수를 정해서 실천하고 있습니다. 따라서 단지 이상적인 기준에 근거해서 성찬의 횟수를 늘리는 것보다 더 중요한 것은 성찬이 가지는 의미를 정확하고 구체적으로 경험할 수 있도록 하기 위한 가장 적실성 있는 실천을 먼저 시도하는 것입니다. 예배자들이 성찬을 통해서 의미 있는 경험을 하고 나면 자연스럽게 그것을 좀 더 자주 실천하자는 제안을 하게 될 것이기 때문입니다.

성찬과 관련해서 마지막으로 그러나 꼭 고려해야 할 과제는 주님의 몸, 곧 교회 공동체를 살피는 것입니다. 지금까지 성찬 참여와 실천과 관련해서는 대부분 개인주의적인 이해와 접근을 시도했습니다. 개인의 몸이 그리스도의 몸을 받아들이기에 합당한 준비와 점검 그리고 참여를 강조했습니다. 그런데 성경과 역사적으로 발전한 초대 교회에서의 성찬 참여에서 중요한 것은 공동체성을 강조한 것입니다. 즉, 성찬 참여는 단지 개인적으로 그리스도의 몸에 연합하는 것뿐만 아니라 공동체를 살피고 함께 연합하는 방식으로 이루어져야 합니다. 고린도교회가 행한 성찬에서 가장 큰 문제 가운데 하나는 주님의 몸을 분별하지 못하고(without recognizing the body of the LORD) 먹고 마신 것이었습니다. 여기서 주님의 몸은 교회 공동체를 가리킵니다. 성찬에 참여할 때 자신이 공동체에 속한 다른 이들을 얼마나 존중하고 받아들이며 연합을 위한 공동체적 분별을 하고 있는지가 중요한 요소입니다. 따라서 성찬에 참여할 때마다 자신이 얼마나 공동체에 속한 다른 지체들을 존중하고 인정하고 배려하며 살아가고 있는지를 점검해야 합니다. 더 나아가 이것은 바로 성찬을 통해서 그리스도께 속한 다른 사람들과 함께 연합하는 것뿐만 아니라 정의를 드러내는 삶의 방식에 대한 초청이기도 합니다.

함 께 생 각 해 볼 질 문

1. 자신이 속한 공동체의 예배에서 성찬은 얼마나 자주 실천하며, 그것이 적당하다고 생각합니까? 혹 적당하지 않다고 생각한다면 왜 그렇게 생각합니까?

2. 성찬을 실천할 때 참여자들이 그리스도를 새롭게 인식하는 경험을 하기 위해서 어떤 변화와 노력이 필요하다고 생각합니까?

3. 성찬 참여의 가장 중요한 과제 가운데 하나는 '주님의 몸을 분별'하는 것입니다. 교회 공동체로서의 주님의 몸을 분별한다는 것은 무엇을 뜻합니까? 그것을 구체적으로 어떻게 실천할 수 있습니까?

History of Worship

Question

16

"예배에서 음악은 정말 중요합니다. 예배 공동체를 선택할 때 설교보다 음악을 더 중요시 여기는 경우도 있습니다. 심지어 음악 없이 예배를 진행하는 것은 상상하기 어렵습니다. 이른바 '영감 있는 예배' 혹은 '깊이 있는 예배' 등의 표현을 할 때는 대부분 음악과 관련합니다. 예배 음악에 대한 다양한 정보와 자료들도 많이 나오고 있는데 기독교 예배 역사에서 음악은 어떻게 이해되고 사용되어 왔는지 궁금합니다. 아울러 예배 음악의 역사에서 오늘날 예배 갱신을 위해 배울 수 있는 점이 있다면 무엇이 있을까요?"

기독교 예배 갱신과 음악:
예배 전쟁을 넘어서서

기독교 예배 음악에 대한 이해는 기독교 예배 역사에서 갱신에 대한 측면과 함께 이해될 수 있습니다. 기독교 예배 역사와 함께 진행된 두드러진 특징 가운데 하나는 끊임없는 갱신입니다. 가장 최근에 있었던 갱신은 1960년대에 범교단적으로 시작된 갱신 운동이 있습니다. 그러나 이것이 예배 갱신의 유일한 계기는 아닙니다. 이미 1900년대 초반 영국에서 근대주의 예배 방식에 대한 새로운 반응으로 강력한 갱신 운동이 일어났었습니다. 계몽주의가 지배할 당시에는 영국에서 국교도에 저항했던 자유교회들이 예배를 새로운 방식으로 갱신했습니다. 16, 17세기에는 종교개혁가들이 중세의 예배를 새로운 방식으로 개혁했습니다. 중세 교회의 오랜 유산으로 형성된 예배들은 하나의 고착된 형태로 진행된 것이 아니라, 말씀을 가르치던 사제들에 의해서 이른바 'prone worship(말씀 중심의 예배)'의 형태로 갱신이 이루어지기도 했습니다. 초대 교회 공동체는 박해가 끝나고 종교의 자유가 주어졌을 때, 예배 공간의 확대와 음악의 활성화를 통해서 강력한 갱신을 성공적으로 시도했습니다. 박해받던 시절에도 예배를 중단한 것이 아니라, 그에 적합한 방식으로 하나님을 예배하려고 노력했습니다. 또한 맨 처음 기독교 예배를 형성했던 초대 교회는 유대교의 유산을 완전히 단절하지 않고, 그와 구별된 새로운 방식으로 하나님을 예배하는 차별된 방식을 드러내기 위해 노력했습니다.

이와 같이 오래된 예배 갱신의 역사는 중요한 특징을 지닙니다. 우선 갱신을 위해서 갈등과 긴장을 경험합니다. 예배 갱신은 단지 예배를 새롭게 이해하는 것이 아니라, 구체적인 실천 방식을 전환하는 것입니다. 예배 공동체는 변화에 대한 반응을 쉽게 그리고 긍정적으로 나타내지 않습니다. 따라서 옳고 그름을 떠나서 변화 자체를 이끌어 내기 위한 갱신에는 언제나 갈등과 긴장이 따랐습니다. 또한 예배 갱신은 전통과 문화에 대한 이해로 결정됩니다. 전통을 얼만큼 따르고, 새로운 문화에 얼만큼 반응할 것인지에 대한 입장에 따라서 갱신이 결정됩니다. 전통은 기독교 예배의 모든 유산일 수도 있고 각각의 예배 공동체가 발전시켜온 유산일 수도 있습니다. 문화는 지금의 예배 공동체가 이해하고 접하는 삶의 방식과 매체를 전부 포함합니다. 예배 갱신은 폭넓은 의미의 전통과 문화에 대한 충돌과 조합 그리고 새로운 연결을 담아내는 과정이기 때문에 생각보다 복잡한 과정으로 진행됩니다. 그래서 실제로 예배를 갱신할 때는 자연스러운 과정을 따라서 하기보다는 서로 다른 입장들의 강력한 반발과 긴장 그리고 심지어는 분열까지 이르게 됩니다.

　예배 음악은 이렇게 복잡하고 어려운 예배 갱신 과정에서 핵심적인 부분을 차지하고 있습니다. 예배에서 단지 열정적이고 감동적이고 깊이 있는 음악을 경험하려는 이상적인 기대와 노력은 자연스럽게 실천되지 않습니다. 이것은 예배 음악에 대한 갱신의 의지가 없어서 그런 것도 아니고, 예배 음악에 대한 이해가 부족해서 그런 것도 아닙니다. 예배 공동체가 예배 음악의 의미와 기능을 확신하고 변화를 시도하더라도 그러한 갱신은 자연스럽게 이루어지지 않습니다. 예배 참여자들은 자신들에게 이미 익숙한 예배 음악과 오랜 시간 형성된 그들의 전통을 쉽게 포기하지 않기 때문입니다. 예배 음악의 오래된 전통을 모른 채 단지 음악 자체에 대한 자연스러운 접촉과 음악이 지닌 문화적 영향력에 노출된 자들은 그러한 경험을 예배 안에서도 이어가고 싶어하기 때문입니다. 이것은 단지 피상적인 전통과 문화에 대한 충돌이라기보다는 자연스럽게 형성된 익숙함과 부자연스러움에 대한 반응입니다. 예배 참여자들은 음악과 관련해서 예배 음악에 대한 자신의 신앙적 확신을 갖고 참여하기보다는 자신의 예배와 문화 경험에 의해서 복잡하게 그러나 자연스럽게 형성된 자기 선호(preference)에 따라 예배에 대한 태도를 드러냅니다. 그래서 '내가 정말 좋아하는 스타일의 음악이 있는 예배,' '내 마음에 감동이 주어지는 예배' 등과 같은 주관적 평가와 반응이 중요한 역할을 하게 되었습니다.

　예배 음악의 갱신과 관련해서 이렇게 복잡하고 어려운 측면들을 고려하지 않고 단지 기독교 유산의 예배 음악을 답습하려는 노력이나 현대 음악의 세련된 기술과 효과를 사용하려는 노력은 매우 제한적인 시도가 될 수 있습니다. 다시 말해서, 과거 기독교 예배 음악을 고고학적으로 복원하려는 노력이나 현대인들의 감정과 성향에 가장 적합한 음악을 예배에 포함시키고자 하는 갱신의 노력을 넘어선 새로운 이해와 자세가 필요합니다. 그렇지 않으면 과거 예배 음악의 유산, 곧 시편이나 찬송을 사용하는 것 또는 감정적인 느낌과 정서적 감동(물론 이 둘은 정말 중요한 요소입니다)을 경험하는 것 자체가 예배 음악의 가장 적합한 활용이라는 생각을 하게 됩니다. 기독교 예배 음악의 소중하고 찬란한 유산을 현대 예배에서 사용한다고 해서 그것이 곧 예배자들에게 하나님에 대한 이해와 경험을 보증하지는 못합니다. 또한 예배자들이 자신의 감정과 정서에 이르기까지 깊이 몰입하는 음악을 경험하는 것 자체가 하나님의 임재를 보증하고 확증하는 기준이 될 경우 예배 해석의 주관성과 제한성에 빠질 수도 있습니다.

예배 음악과 관련해서 역사적 전통과 현대 문화의 긴장과 갈등 사이에서 발생하는 이러한 상황을 가리켜 흔히 '예배 전쟁(worship wars)'이라 말하기도 합니다. 이러한 전쟁의 표면적 형태는 전통적인 찬송가와 시편찬송을 부를 것인지 아니면 현대 예배 음악의 다양하고도 자유로운 표현들을 사용할 것인지에 대한 예배자들의 갈등과 긴장을 나타냅니다. 또한 예배 음악을 인도하는 자들과 설교자들 사이에서 발생되는 이른바 예배 중심과 관련한 주도권을 위한 긴장과 갈등으로 나타나기도 합니다. 이러한 예배 전쟁은 생각보다 심각한 결과를 초래해서 교회 공동체가 예배 음악으로 인해서 나누어지기도 합니다. 혹은 같은 예배 안에서 음악만 서로 다르게 사용하고 설교와 다른 순서들을 통합하는 경우도 있습니다.

이러한 예배 음악과 관련한 긴장과 갈등은 단지 '예배를 어떻게 인도할 것인지' 또는 '예배에 어떻게 참여할 것인지'와 관련한 질문을 넘어서 예배의 정체성과 관련해서 매우 중요합니다. 예배 음악은 오늘날 기독교 예배 공동체의 정체성을 드러냅니다. 예배 공동체는 각자 속한 교단과 신앙고백의 전통이 있지만, 실제로 예배자들이 현실적으로 경험하는 예배 공동체의 정체성은 음악을 통해서 드러납니다. 특히 오늘날 서로 다른 교단에 속해 있지만, 예배 음악의 경우는 교단과 상관없이 서로 같이 사용하는 경우가 많습니다. 역사적으로 기독교 예배 공동체가 음악을 중요시한 이유는 음악의 고백에 담긴 내용과 표현 방식이 기독교 공동체의 정체성을 구체화했기 때문입니다. 기독교 예배 공동체는 음악을 통해서 서로 같은 유산을 공유했습니다. 초대 교회부터 19세기 말까지 기독교 예배 공동체는 시편을 하나님을 찬양하는 내용과 방식의 중심에 두었습니다. 그 후 시편과 성경에서 영감을 받은 내용의 가사들을 포함시키는 자유를 허용했고, 20세기 이후에는 비록 성경에 직접 근거를 두지 않았더라도 신앙을 고백하는 형태의 곡들을 예배에 포함시켰습니다. 오늘날 현대 예배 음악(CCM)은 이러한 오래된 전통의 연속에 놓여 있습니다. 따라서 문화의 장르로서 현대 음악의 기술과 방식보다 더 고려해야 할 것은 우리가 사용하는 예배 음악에서 고백하는 내용이 얼마나 하나님의 성품과 일하심을 표현하고 그것에 반응할 것인지에 대해서 주의를 기울이고 실천하는 것입니다.

기독교 예배 공동체의 정체성을 드러내는 예배 음악을 실천할 때 역사적 실천에서 얻을 수 있는 중요한 가르침이 있습니다. 그것은 예배 음악이 다른 제의(rituals) 또는 의식에서의 음악과 같은 측면을 현상적으로 갖고 있지만, 근본적으로 다른 성격을 지니고 있다는 것입니다. 초대 교회 예배는 당시 제의에서 사용되는 음악을 현상적으로 그대로 받아들였지만 근본 의미는 구분했습니다. 당시 모든 제의에서는 음악이 신을 달래거나 위로하는 역할을 했습니다. 음악을 통해서 신의 마음을 바꾸게 하고 달래서 제의에 참여하는 자들이 원하는 방식대로 신을 움직이려 했습니다. 그러나 기독교 예배는 처음부터 음악이 선하신 하나님과 구원의 역사를 베풀어 주시는 주인으로서의 하나님에 대한 감사의 고백과 표현이었습니다. 즉, 음악을 통해서 하나님을 움직이려 한 것이 아니라 음악을 통해서 하나님의 모습과 역사하심에 감사의 반응을 나타내는 데 초점을 두었습니다. 가장 높으시고 위대하신 하나님의 성품과 일하심을 고백하고 표현하는 찬양에 모든 마음과 기술 그리고 재능을 동원해서 발전시켜온 것이 예배 음악입니다. 역사적으로 기독교 예배 공동체가 가장 경계한 것은 음악을 통해서 하나님을 움직이려 하거나 예배자들이 하나님이 아닌 음악 자체에 몰입하는 것이었습니다. 그래서 크리소스토무스와 아우구스티누스 그리고 칼빈과 같은 사람들은 예배 음악에 악기를 사용하는 것을 경계했습니다. 츠빙글리는 천부적인 음악적 재능을 지닌 목회자였지만 예배에서는 음악을 사용하지 않았습니다. 오늘날 우리가 예배 음악의 갱신을 위해서 자신에게 익숙하고 선호하는(preferred) 방식의 음악을 통해서 감정적으로 몰입하는 경우 가장 경계할 것은 바로 음악을 통해서 하나님의 임재 경험을 주도하거나 이끌어 낼 수 있다고 생각하는 위험한 확신과 실천입니다. 이러한 위험한 노력을 가리켜 '영적인 조작(spiritual manipulation)'이라고 합니다. 예배 음악과 관련해서 감정은 정말 중요하지만 하나님과 인격적 관계인 인간은 때로는 건조하거나 냉랭한 침묵의 시간도 하나님을 경험할 수 있는 상태로 받아들여야 합니다.

함 께 생 각 해 볼 질 문

1. 자신이 속한 공동체의 예배에서 고정적으로 또는 규칙적으로 부르는 찬송 또는 찬양곡은 무엇이며, 그것에 담긴 신앙의 내용은 무엇입니까?

2. 예배 음악이 자신의 감정 표현이라기보다는 하나님의 성품과 일하심을 드러내는 고백이 되기 위해서 가장 필요한 예배 음악의 과제는 무엇이라고 생각합니까?

3. 예배에서 가장 중요한 회중 찬양의 실천과 발전을 위해서 찬양팀 그리고 찬양대가 할 수 있는 역할은 무엇이며, 구체적으로 어떻게 노력해야 합니까?

History of Worship

Question
17

"예배는 공간에서 진행됩니다. 교회 공동체가 함께 모이는 가장 중요한 장소는 예배당입니다. 교회 건축에서 가장 중요한 것도 예배를 위한 공간이라 생각합니다. 기독교 예배 공간에 대한 이해가 예배 참여와 방식에 어떤 영향을 미치는지 궁금합니다. 공간에 대한 관심을 많이 갖지는 못했지만 공간이 예배자들의 예배에 직간접적으로 영향을 미치고 있다고 생각하게 되었습니다. 예배 공간에 대한 역사적 이해는 무엇이고, 오늘날 예배 공간에 대해서 고려하고 실천해야 할 것들은 무엇인가요?"

기독교 예배와 공간(Space)

기독교 예배의 실천과 관련해서 공간은 매우 중요한 의미와 역할을 하지만 상대적으로 체계적인 관심을 갖지는 못했습니다. 물론 공간과 관련한 교회 공동체의 주된 관심은 교회 건축 또는 예배당 건축에 있습니다. 그런데 예배를 위한 공간이 예배자들의 예배에 대한 이해와 실천과 관련해서 어떤 의미와 역할을 하는지에 대해서는 상대적으로 체계적인 접근을 하지 못했습니다. 다만 미적인 관점과 실용적인 관점에 의해서 예배 공간을 디자인하고 구성하는 것이 주된 접근 방식이었습니다. 곧 예배 공간은 기독교적인 아름다움을 드러내야 하고 가능한 많은 사람들이 모일 수 있게 해야 하며, 설교와 음악을 위해서 최상의 음향 시설을 구축해야 한다는 기본적인 원리를 따릅니다. 공간이 지닌 아름다움은 주로 디자인을 전공한 사람들이나 목회자의 관점을 반영해서 드러냅니다. 예배 공간이 클수록 좋다는 것은 교회의 성장과 관련해서 반론의 여지가 없는 건축의 기준이 됩니다.

최상의 음향 시설을 갖추어야 하는 실용적인 필요는 현대 예배에서 필수 요소가 됩니다. 그런데 예배 공간에 대한 이러한 미적이고 실용적인 관점의 접근만으로는 예배 실천에 대해 충분한 고찰을 할 수 없습니다. 예배 공간은 쉽게 말하면 예배를 위한 공간인데, 주어진 공간이 예배의 구체적인 방식과 실천에 어떤 의미를 지니는지에 대한 고려 없이 단지 크고 웅장하거나 최신의 음향 시설을 구축하고 있다는 것만으로 좋은 예배 공간이라고 단정하기는 어렵습니다.

예배 공간을 이해하기 위해서는 예배의 구체적인 실천과 관련해서 접근하는 것이 필요하고 가장 적합합니다. 예배 공간의 주된 목적이 예배를 위한 것이기 때문입니다. 예배 공간을 이해할 때 빈 공간에 대해 해석하는 것을 넘어서 예배 공간에 자리하고 있는 예배자들의 예배 방식과 모습 그리고 구체적인 움직임을 같이 고려해야 합니다. 고정된 예배 장소는 예배자들이 반복적이고 규칙적으로 이동하는 삶의 방식을 결정합니다. 들어오는 곳과 나가는 곳도 스스로 결정하지 않고 예배 공간이 마련해 놓은 방식을 따르게 됩니다. 예배자들은 예배 공간 안에서 어느 자리에 있을 것인지는 스스로 결정할 수 있지만, 그 안에 마련된 회중의 자리 배열 방식은 선택할 수 없습니다. 예배의 진행 과정에서 일어서는 것과 앉는 것 또는 움직이는 방식도 모두 공간의 영향을 받습니다. 설교자의 위치, 음악을 인도하는 자들의 자리와 움직임, 그리고 찬양대의 자리 모두 공간을 통해서 하나님의 초월성 또는 내재성을 강조하는 의미를 드러냅니다. 아울러 기독교 예배의 핵심 구성 요소인 성찬 또한 공간의 영향을 받습니다. 따라서 우리에게 필요한 것은, 지금 자신에게 속한 예배 공간이 단지 외적인 아름다움이나 크기 또는 음향 시설 등을 넘어 예배의 구체적인 방식에 어떤 의미를 지니고 있는지에 대해 이해하고 새로운 실천을 도모하는 것입니다.

예배 공간이 예배의 구체적인 이해와 방식에 어떤 영향을 미치는지에 대해서는 예배 공간에 대한 역사적 발전 과정을 살펴보면 알 수 있습니다. 기독교 예배는 초대 교회에서 시작되었지만, 초대 교회의 예배는 공간과 관련해서 유대교 전통의 예배와 연속성을 지닙니다. 구약에서 시작된 예배 공간의 역사는 모세 시대의 성막, 다윗과 솔로몬 시대의 성전, 그리고 흩어진 유대인들의 예배 장소로 볼 수 있는 회당에서 잘 살펴볼 수 있습니다. 구약의 예배 공간은 모두 하나님의 임재와 직접 연결되었고, 그 공간에 접근하는 것은 하나님의 임재를 경험하는 핵심으로 간주되며 실천되어 왔습니다. 초대 교회에서도 예배의 장소로 이동하는 반복된 삶의 형태를 거룩한 하나님의 임재로 향하는 순례의 과정으로 이해하며 실천했습니다. 초대 교회는 특별히 부유한 교인들의 집(가정 교회, house church)에 모여서 하나님을 예배했습니다. 이러한 가정 교회에서 예배한 이들은 예배를 위해서 가정집 형태의 건물을 지었습니다. 4세기에 기독교 신앙과 사회가 밀접하게 연결되기 시작되면서 교회는 도시 안에 자리 잡은 커다란 건물의 형태로 드러나기 시작했습니다. 이후 종교개혁 시대까지 교회 건물들은 고딕 양식과 르네상스 양식을 따라 크고 높고 넓은 형태로 지어졌습니다. 이런 형태의 예배 공간에서 예배자들은 설교자와 거리를 두고 앉았으며, 높은 천장과 공간으로 인해서 하나님의 초월성을 무의식적으로 받아들이게 되었고, 넓은 벽에 걸린 많은 그림들과 시각적 이미지들의 영향을 받으며 예배를 실천했습니다. 또한 당시의 예배 음악은 회중의 시각에서 가려진 채 구분된 장소에서 이루어졌고, 제단이라 불리는 성찬대는 예배의 중심을 차지하고 있었습니다.

　종교개혁을 거치면서 예배 공간과 그 공간에 대한 접근은 새로운 변화를 맞았습니다. 종교개혁이 처음 시작되었을 때 경험한 급격한 변화는 예배 방식의 전환이었습니다. 그런데 예배의 방식은 전환되었지만 예배를 진행하는 공간은 변하지 않았습니다. 로마 가톨릭교회의 미사를 드리던 회중은 대부분 자신의 결정과 상관없이 같은 장소에서 예배 인도자가 종교개혁의 정신을 따라 예배를 새롭게 인도하는 경우 그 방식에 참여해야 했습니다. 바로 한 주 전까지 가톨릭 방식의 예배를 드리던 이들이 같은 장소에서 바로 다음 주에 종교개혁의 예배를 드리면서 교회 공간에 대한 어색함을 경험하기 시작했습니다. 대부분의 종교개혁 교회들은 처음에 예배 공간을 새롭게 건축하기보다는 기존의 공간을 새롭게 전환하는 데 주력했습니다. 성가대를 가리던 막을 제거하고, 성찬 제단을 돌에서 나무로 바꾸어 쉽게 이동할 수 있게 했으며, 설교단과 회중 사이의 거리를 좁혔습니다. 동시에 예배당 안에 있는 기도실을 없애 회중석의 자리를 더 많이 확보

했습니다. 예배당 안에 있는 시각적인 이미지들을 거의 제거했으며 말씀 중심의 예배에 적합한 구조로 정착시켰습니다.

근대 시대에는 각 지역과 교단에 따라서 서로 다른 예배 공간을 발전시켰습니다. 17세기 영국의 경우 국교회로부터 핍박을 받던 자유 교회들은 이른바 'Meeting House'라고 불리는 곳에서 예배했습니다. 외형은 사람들이 거주하는 집이지만 내부는 설교단을 중심으로 회중이 함께 앉아서 예배하는 방식으로 만들어졌습니다. 이후 자유교회의 전통을 따른 청교도들이 북미에 정착하면서 예배 공간은 설교를 중심으로 하는 예배 방식에 집중할 수 있도록 건축되었습니다. 그 후 미국에서 일어난 부흥 운동은 예배 공간에 대한 새로운 전환을 마련했습니다. 부흥 운동은 주로 전도 집회 방식으로 전개되었습니다. 사람들을 쉽게 모아서 말씀을 듣고 그곳에서 예배할 수 있게 한 것입니다. 예배 공간에 대한 구별된 이해를 넘어 극장, 공연장, 강연장, 천막과 같은 공간을 예배 공간으로 보편적으로 활용하게 했습니다. 그들은 기존에 건축된 다양한 형태의 공간들을 예배 공간으로 활용했지만 그 명칭은 주로 '성막(tabernacle)' 또는 '채플(chapel)'로 불렸습니다. 이후 20세기에 와서 예배 공간에 대한 다양한 이해와 건축들이 새로워지면서 역사적으로 발전한 여러 형태들이 다양한 방식으로 구체화되어 어느 한 방향과 원칙에 따라 이해되거나 실천되지 않습니다.

예배 공간에 대한 간략한 역사적 이해는 예배 공간에 대한 신학적 이해를 구체화시켜 줍니다. 곧 예배 공간은 예배자들의 신앙 표현과 실천을 반영합니다. 다시 말하면 예배는 신앙의 표현과 실천의 구체적인 모습을 담아내는데 이러한 신앙 표현은 일정한 공간에서 이루어집니다. 예배 안에서 말로 기도하는 것, 설교하는 것, 고백하는 것, 음악을 통해 신앙을 표현하는 것, 몸을 움직이는 것, 즉 보고 듣는 모든 것들이 공간의 영향을 받습니다. 예배 공간이 예배자들의 신앙 표현과 실천 방식을 적절하게 드러내기 위해서는 고려해야 할 구체적인 과제들이 있습니다. 우선 무엇보다도 예배 공간 내에서 가능한 구조 변경에 대한 의도적인 노력과 실천이 필요합니다. 예배의 주된 구성요소인 설교와 음악에 대한 공간적 이해와 조절이 필요합니다. 설교 중심의 예배를 지향할 경우 설교단은 가장 중심에 위치해야 합니다. 여기서 중심은 회중의 가운데를 의미할 수도 있고 회중을 향해서 바라보는 앞쪽을 의미할 수도 있으며, 수직적으로 높은 위치를 차지하는 것일 수도 있습니다. 아울러 설교 중심의 예배를 진행하고자 하지만 많은 교회들이 공간적으로는 음악 중심의 배열을 무의식적으로 선택하기도 합니다. 드럼이나 다른 악기를 구별된 자리의 가장 앞쪽 중앙에 두는 경우가 그렇습니다. 이런 경우 비록 설교를 중심으로 하는 예배라고 할 수 있지만, 시각적으로는 전통적으로 제단을 의미한 성찬 테이블이 놓여 있는 자리를 악기가 대신하고 있는 것입니다. 찬양대의 경우도 구별된 자리에서 찬양하도록 하는 것은 회중 찬양을 강조하고 활성화했던 종교개혁의 신앙고백과 다른 형태의 실천입니다. 회중의 적극적이고 열정적인 찬양을 실천하고자 하지만, 동시에 찬양대의 구별된 자리는 여전히 회중 찬양의 의미와 중요성을 시각적으로 간과하는 것입니다. 실제로 많은 예배 공간들은 처음부터 예배를 위한 공간으로 디자인되었다기 보다는 다른 용도로 설계된 기존의 건물을 예배 공간으로 전환해서 사용하는 경우가 많습니다. 이러한 제한된 여건에서 움직임이 가능한 설교단 자리, 음악 인도자들과 악기들의 배열, 찬양 인도자들의 위치, 회중이 앉아 있는 위치와 움직이는 방식에 대한 결정, 성찬대의 자리, 그리고 설교자와 회중 사이의 간격, 공간을 장식하고 있는 시각적 이미지들에 대한 좀 더 의도적이고 변별력 있는 선택과 실천이 요구됩니다.

함 께 생 각 해 볼 질 문

1. 자신의 예배 공동체가 사용하는 공간에서 가장 중요한 곳은 어디이며, 왜 그렇게 생각합니까?

2. 예배 공간에서 위치를 변경할 필요가 있다고 생각하는 것(대상)은 무엇이며 어디로, 왜 변경해야 한다고 생각합니까?

3. 하나님의 말씀을 전하고 듣고 음악을 통해서 예배하는 방식을 가장 충실하게 드러낼 수 있는 예배 공간 활용을 위해서 가장 필요한 노력과 실천은 무엇입니까?

History of Worship

Question

18

"제가 청소년 시절 예배하던 공동체의 목회자는 교회 예배실에 십자가도 허락해서는 안 된다고 하셨습니다. 그리스도의 모습을 그린 그림을 교회 예배실 안에 두어서도 안 된다고 가르쳤습니다. 대학 시절에 새롭게 찾은 예배 공동체는 강대상 뒤로 커다란 십자가를 걸어 두었습니다. 그 후 친구의 초청과 개인적인 관심을 갖고 찾아간 다른 교회의 예배실에서는 이전에 상상할 수 없었던 신비스러운 장식들과 성인들로 보이는 그림들이 유리벽에 그려져 있었습니다. 예배실 안에서 볼 수 있는 다양한 시각 예술들의 차이는 무엇이며, 오늘날 예배에서 그러한 시각적 장치들이 차지하는 역할은 무엇인지 또 어떻게 받아들이며 경험해야 하는지 궁금합니다."

기독교 예배와 시각 예술(Visual Arts)

기독교 예배에서 시각 예술을 어떻게 이해하고 또 반응할 것인지는 오늘날 매우 중요한 과제입니다. 복음주의 예배는 의도적으로 언어적 표현에 집중해 왔습니다. 읽고 듣고 반응하는 말씀, 리듬을 사용해서 감정을 담아 표현하는 음악, 마음을 다해 고백하고 결단하는 기도, 이 모두가 언어 중심 예배의 구성 요소입니다. 말씀, 음악, 기도 중심의 예배 방식에 익숙한 예배자들에게 시각 예술의 의미와 역할 그리고 새로운 참여 방식을 이야기하는 것은 쉽지 않습니다. 그러나 오늘날 우리가 살아가는 삶의 방식에서 보는 것은 매우 중요한 의미와 역할을 차지하고 있습니다. 깊은 사고와 고찰보다는 보는 것을 통해서 삶의 가치를 결정하고 시각 예술을 가장 잘 활용하는 광고가 사람들의 마음을 움직입니다. 이런 이유로 쇼핑몰이나 백화점 같은 곳에서는 소비를 결정하는 사람들의 마음을 움직이기 위해서 보이는 방식 곧 전시 방식을 의도적으로 조절합니다. 이런 문화적 상황 속에서 살아가는 예배자들은 이전의 어떤 시대보다도 무의식적으로 시각, 곧 보이는 것에 대한 가치를 인정합니다. 예를 들어, 예배 공간에 들어와서 가장 먼저 보는 것은 보이지 않는 하나님이라기보다는 보이는 시각적 장치들입니다. 강대상과 그 주변을 꾸며 놓은 것들, 앞쪽에 걸어 놓은 현수막들과 그 문구들, 특별하게 꾸며 놓은 예술 장치들, 그리고 오늘날에는 음악을 위해 배치한 악기들의 위치와 모습조차 시각적 예술의 대상이 되고 있습니다.

이와 같이 기독교 예배에서 시각적 장치들은 이미 예배자들의 예배 참여 방식에 처음부터 많은 영향을 미칩니다. 예배를 인도하고 참여하는 모두가 예배 공간에 주어진 시각 예술을 어떻게 이해하고 또 구체적으로 갱신해 갈 것인지를 생각해 볼 필요가 있습니다. 이를 위해서 기독교 예배 전통에서 시각 예술 또는 장치들이 어떻게 발전해 왔는지 그리고 어떻게 서로 다른 이해와 실천을 하게 되었는지를 살펴보는 역사적 고찰이 필요합니다. 기독교 예배의 서로 다른 전통에서 서로 다른 방식으로 사용한 시각 예술과 장치들은 예배자들의 예배 방식뿐만 아니라 상상력과 삶의 방식에도 결정적인 영향을 미쳤습니다. 오늘날 복음주의 예배들이 비록 복잡하고 다양한 시각 예술을 발전시키지는 않지만, 그렇다고 해서 시각적 측면을 부인할 수는 없습니다. 어느 특정한 교단이나 전통만 시각적 예술을 예배에 사용한 것이 아니라 모든 예배 전통이 시각적 장치를 담고 있습니다. 다만 그것을 이해하고 실천하는 방식이 다를 뿐입니다.

기독교 예배에서 시각적 예술과 장치를 가장 선명하게 발전시킨 전통은 동방교회입니다. 기독교 역사에서 동방교회가 서방교회와 대립하고 갈라진 중요한 요인 가운데 하나가 바로 시각 예술에 대한 차이에서 비롯되었습니다. 동방교회의 예배 공간은 흔히 알려진 성화(icon)들로 시각적 장치를 구성하고 있습니다. 성화는 단지 그림이나 조각으로서의 예술품이 아니라 하나님을 이해하고 경험하고 반응하게 하는 직접적인 매개, 곧 수단이 됩니다. 성화라는 시각적 매개를 통해서 초월자이신 하나님을 이 세상에서 경험할 수 있다는 이해에 따라 이들의 예배에서 성화는 절대적으로 필요합니다. 성화를 통한 하나님의 임재를 확신하고 실천하는 방식을 통해서 예배를 위한 다양한 성화를 만들어 냄으로써 동방교회는 기독교 예배와 시각적 장치를 가장 밀접하게 의도적으로 연결시킨 전통이 되었습니다.

서방교회는 이러한 동방교회의 성화에 대한 이해를 거부하고 갈라섰습니다. 다양한 성화들을 통해서 초월자이신 하나님을 경험하는 것에 대한 이해와 실천을 새롭게 전환시켰습니다. 곧 초월자이신 하나님을 매개하는 시각적 장치가 필요하다는 것에는 동의하지만, 다양한 성화들을 통해서가 아니라 그리스도를 상징하는 성찬으로 범위를 좁혀 구체화시켰습니다. 성찬에서 특히 그 중심이 되는 '떡'을 통해서 초월자이신 하나님을 경험하는 방식으로 예배에서의 시각적 대상을 구체화시켰습니다. 가톨릭 교회의 예배에서 가장 중요한 것은 초월해 계시는 하나님을 분명히 바라보고 경험하게 되는 성찬의 떡이

거룩하게 변화되는 순간입니다. 이 외의 모든 예배 공간의 시각적 장치들은 그리스도를 드러내거나 관련지어 상상할 수 있게 하는 보조 역할을 합니다. 동방교회와 유사한 그림들이나 시각적 이미지들이 있지만 그것을 통해서 하나님을 직접 경험하는 것이 아니라, 그리스도를 상상하고 기억하고 더욱 가까이 이르게 하는 보조 역할을 하는 것입니다.

　서방교회의 시각 예술에 대한 이해는 종교개혁을 통해서 새롭게 발전했습니다. 종교개혁자들과 이후 개혁 전통을 따르는 이들은 예배를 통해서 하나님의 임재를 경험하는 것은 보이는 시각적 장치에 의해서 가능한 것이 아니라 들려지는 말씀에 의해서 가능한 것으로 확신했습니다. 그들은 보이는 것을 통해서 하나님의 임재를 직접 경험하려는 모든 시도들은 이른바 우상을 숭배하는 것으로 귀착된다는 신학적 이해를 발전시켰습니다. 이러한 영향으로 인해서 보이는 것에 하나님이나 그리스도를 담아내는 모든 시도들을 의도적으로 제한시켰습니다. 다만 교육적 기능을 위해서 그리스도 또는 성경의 내용들을 시각적 이미지로 활용하는 것만은 제한적으로 인정했습니다. 이런 전통을 따르는 기독교 공동체들의 예배 공간을 보면 그 어떤 것도 초월자이신 하나님이나 그리스도를 직접 연상하게 하는 이미지나 시각적 장치들이 없습니다. 다만 제한적으로 기독교 신앙고백의 핵심인 고난, 죽음, 부활을 연상하게 하는 십자가만 예배와 직접 관련한 시각적 상징으로 인정합니다.

시각적 예술 또는 장치와 관련한 이러한 역사적 이해를 통해서 오늘날 예배 공동체가 배울 수 있는 점이 분명히 있습니다. 물론 서로 다른 전통에 근거해서 발전해 온 예배와 시각적 예술의 구분을 없애고 필요한 대로 가져다 사용하는 것은 바람직하지 않습니다. 무엇보다 중요한 것은 예배에서 시각적 측면이 하나님을 경험하고 이해하는 방식과 관련해서 중요하다는 것을 인정하는 것입니다. 나아가 예배에서 시각 예술과 장치들이 예배자들로 하여금 하나님을 이해하고 경험하고 또 반응하는 측면에까지 영향을 미치고 있다는 것을 신중히 고려해서 예배를 갱신해야 합니다. 그렇다고 해서 시각적 장치들이 가지는 예술적 측면만을 부각시켜서도 안 됩니다. 대부분 시각적 장치들이 예술로 이해될 때 지배적인 생각은 예술로서의 가치 곧 창의적 표현에 집중합니다. 예술로서의 특징을 부각시키는 것입니다. 그래서 예배 공간 또는 예배 방식에 사용하는 시각적 장치들과 관련해서 가장 지배적인 원리 가운데 하나는 창조성 또는 창의성을 실천하는 것입니다. 물론 예술의 창조성은 가장 중요한 원리 가운데 하나이지만, 그 창조성은 단지 표현하는 것으로 그치지 않고 무엇인가를 반영하는 기능을 지닙니다. 기독교 예배에서의 시각 예술이나 장치는 단순히 창조성 자체를 드러내고 반영하는 것보다는 예배라는 기능에 부합되어야 합니다. 즉, 시각적 예술이나 장치가 예배의 본래 기능과 의미에 부합해야 하고 또 제한되는 것이 바람직합니다.

예배를 위한, 예배 안에서의 시각적 예술과 장치를 오늘날 가장 적절하게 실천하는 방식은 무엇이 있을까요? 우선 스크린 사용에서 예배적 역할과 기능을 담아내는 것입니다. 오늘날 대부분의 교회 예배실에는 대형 스크린이나 이동식 스크린을 구비해 그것을 활용해서 예배 중에 다양한 장면들을 비춥니다. 커다란 공간과 가려진 시야로 인해서 불편을 겪는 이들을 돕기 위해서 설교자를 비추고 찬양 가사를 띄우며, 찬양 인도자 또는 회중을 비추기도 합니다. 이제 스크린은 대부분의 예배실에 반드시 갖추어야 할 시각적 장치가 되었습니다. 그런데 이러한 스크린은 비록 의도하지 않더라도 회중의 예배 참여와 방식에 큰 영향을 미칩니다. 마치 동방교회의 성화나 가톨릭교회의 성찬에 담긴 시각적 기능을 대신하고 있습니다. 그런데 많은 교회들이 스크린 사용에 대한 문화적 기능은 탁월하게 활용하지만, 예배적 측면과 신학적 측면에 대해서는 신중하게 고려하지 않는 경우가 많습니다. 예배는 회중을 위한 공연이 아니기 때문에 스크린에 비춰지는 것은 예배의 중심인 하나님을 향해 더욱 집중할 수 있도록 해야 합니다. 찬양할 때 가사 외에 회중이나 찬양 인도자의 모습을 비추는 것은 공연할 때 사용하는 방식이지 예배에 적합한 방식이 아닙니다. 스크린에 비춰진 내용과 이미지들은 현대 교회에서 마치 동방교회의 성화와 같은 역할을 하게 되기 때문입니다. 따라서 스크린을 마치 공연하듯 사용하기보다는 예배의 중심이신 하나님께 더욱 확실히 집중할 수 있도록 절제하며 사용해야 합니다.

오늘날 예배의 시각적 장치 가운데 중요한 역할을 하는 또 다른 영역은 강단 곧 설교단 주변을 장식하고 진열하는 것입니다. 대부분의 교회들은 설교단 주변을 꽃으로 장식합니다. 그리고 설교자의 의상(설교 가운)과 찬양대의 구별된 의상(찬양대 가운)으로 시각적 독특성을 드러냅니다. 꽃으로 강단 주변을 장식하는 것은 설교 중심의 예배에 가치를 두고 있는 교단들의 공통적인 신앙고백의 표현입니다. 여기서 단순히 꽃을 아름답게 장식하는 것보다 더 중요한 것은 꽃의 색깔을 고려하는 것입니다. 기본적으로 미적인 기능은 잘 감당하고 있지만 전통적으로 교회력에 따라 강조하는 색깔을 반영하는 것이 바람직한 방식입니다. 비록 구체적인 차이는 있지만 대부분의 기독교 전통에서는 교회력에 따라 색깔을 선정해서 예배실을 시각적으로 장식했습니다. 대강절은 진한 파란색, 성탄절과 현현절은 흰색과 금색, 사순절은 보라색, 부활절은 흰색 또는 금색, 성령강림절은 빨간색, 그리고 기타 일반 시기에는 초록색을 주로 사용했습니다. 예배 인도자나 목회자가 교회력을 고려하여 예배실에서 다양한 방식으로 드러내는 시각적 장치들의 색을 결정해 주고 그 의미를 설명해 주면, 예배 참여자들이 시각적 관심과 의미를 더욱 분명히 알고 경험하게 될 것입니다.

마지막으로 시각적 예술이나 장치를 예배에서 드러낼 때 고려할 부분은 현수막의 사용입니다. 동방교회의 성화나 가톨릭교회의 성찬과 같이 그 의미는 다르지만, 대부분의 교회 예배실에는 커다란 현수막이 장식되어 있습니다. 그 현수막에는 성경 구절이나 교회의 표어 또는 중요한 신앙고백을 담은 글자들이 기록되어 있습니다. 예배 참여자들은 그 현수막을 무의식적으로 보고서 그 내용을 머릿속에 각인시킵니다. 이러한 현수막을 만들어 장식할 때 단순히 디자인의 창의성과 문구뿐만 아니라, 공동체의 고백으로서의 기능을 할 수 있도록 예배 공동체가 함께 참여해서 만들게 하는 것이 바람직한 실천 방식이 될 수 있습니다.

함 께 생 각 해 볼 질 문

1. 자신이 속한 공동체의 예배에서 사용하고 드러내는 시각 예술은 무엇이 있습니까?

2. 예배 공간 안에서의 시각, 설교에서의 시각 장치 활용 그리고 음악에서의 시각 장치 활용 중에서 새로운 변화가 필요한 것은 무엇이라고 생각하며, 왜 그렇게 생각합니까?

3. 현대 예배에서 가장 중요한 시각 예술에 해당하는 스크린이 성상(icon)과 같은 역할을 한다고 볼 때 가장 주의해야 할 구체적인 실천 방식들은 무엇일까요?

Question
19

"기독교 예배에서 말씀이 중요한 위치를 차지하고 있다는 것을 잘 압니다. 오래전부터 한국 교회의 예배는 전통적으로 말씀을 중요시 여기는 형태로 발전해 왔습니다. 그런데 최근에는 예배에서 말씀의 순서와 관련해서 성경 읽기 순서가 별로 중요하게 간주되지 않고 있습니다. 때로는 성경 본문을 읽지 않고 바로 설교를 하거나 설교자조차도 성경을 읽지 않고 메시지를 전달하다가 중간에 읽곤 합니다. 예배에서의 성경 읽기는 어떤 의미가 있고 역사적으로 어떻게 발전했으며, 오늘날 우리는 어떻게 실천하는 것이 바람직한지 궁금합니다."

기독교 예배와
성경 읽기(Pubilc Reading of the Scriptures)

기독교 예배에서 성경 읽기(public reading of the Scriptures)는 오래된 전통을 지닌 핵심 구성 요소에 해당합니다. 성경 읽기는 묵상을 위한 개인 읽기(individual reading of the Scriptures)와는 달리 예배에서 공동체 전체가 함께 참여하는 것입니다. 그런데 오늘날 예배에서 성경 읽기는 그 의미와 실천이 점점 약화되고 있습니다. 이런 현상을 보이는 가장 중요한 이유 가운데 하나는 예배를 축소시켜서 이해하고 구성하고 실천하기 때문입니다. 곧 '찬양과 말씀 중심의 예배'와 같은 표현에서 알 수 있습니다. 이러한 표현과 실천은 예배의 중심과 가치를 음악과 말씀에 두고 있다는 것을 드러내지만, 원하지 않게 다른 예배의 구성 요소들을 간과하거나 심지어 불필요한 요소들로 받아들이게 합니다. 그래서 성경 읽기와 같은 전통적인 예배 구성 요소는 설교에 부속된 부분이거나 혹은 쉽게 생략할 수 있는 순서로 간주되곤 합니다.

성경 읽기 순서가 간과되는 또 다른 이유는 예배의 개념에 대한 불분명한 이해로 인해 비롯됩니다. 기독교 예배는 전통적으로 '하나님과 백성들 사이의 대화'로 이해하며 실천해 왔습니다. 하나님과 백성들 사이의 대화는 상호 인격적 대상 간의 의사소통을 뜻합니다. 곧 예배는 하나님 편에서 인간을 향해 표현하는 것과 인간 편에서 하나님을 향해 표현하는 인격적인 의사소통의 방식들로 구성됩니다. 음악과 기도 그리고 헌금과 같은 순서들은 하나님을 향한 인간의 표현으로 이해될 수 있습니다. 동시에 성경 읽기와 설교 그리고 축도와 같은 구성 요소들은 하나님이 예배자들을 향해서 전달하시는 표현으로 이해됩니다. 이 두 가지 방향의 상호 표현 방식들은 예배를 구성하고 실천하는 데 정말 중요합니다. 그런데 대부분의 예배자들이 스스로 느끼고 표현하고 고백하는 것에 집중하다 보면 하나님께서 표현하시는 예배의 구성 요소들에는 상대적으로 집중하지 못할 수 있습니다. 그러나 성경 읽기는 하나님이 인간을 향해서 직접 표현하시는 매우 중요한 방식입니다.

기독교 예배에서 성경 읽기는 오랜 전통을 가지고 발전해 왔습니다. 초대 교회 공동체가 예배할 때 성경을 읽는 것은 성찬과 함께 가장 중요한 순서였습니다. 그들은 공동 예배에서 그리스도의 복음 메시지와 함께 구약의 율법과 선지서 말씀들을 읽고 그 말씀에 담긴 의미에 대해 들으면서 하나님의 구속 역사와 가르침에 참여하는 삶을 살았습니다. 그런데 초대 교회 예배에서의 공동 성경 읽기는 유대교 회당의 전통과 관련이 있습니다. 유대교인들은 회당을 중심으로 함께 모여 하나님의 말씀 곧 율법과 선지서를 읽고 그 뜻을 삶의 방식으로 받아들였습니다. 유대교에서 이런 전통이 형성된 것은 이미 오래 전 모세가 지도하던 이스라엘 공동체로부터 전해진 것입니다. 이스라엘 백성들은 회중의 형태로 함께 모여 하나님의 율법을 반복적으로 함께 듣고 그 의미를 삶에 실천하는 데 주력했습니다. 물론 초기에는 율법만을 공동 읽기의 본문으로 사용했습니다. 그 후 포로 시대를 거쳐 다시 회복된 이스라엘 공동체는 느헤미야서에서 살펴볼 수 있듯이 선지자들의 도움을 받아 함께 모여 율법과 선지자들의 메시지를 같이 읽고 하나님의 뜻을 받아들이는 실천을 지속했습니다. 초대 교회 예배에서 실천한 공동 성경 읽기는 이러한 오랜 전통에서 비롯된 것입니다. 다만 차이가 있다면 공동 성경 읽기의 텍스트, 곧 본문에 있습니다. 초대 교회 예배에서는 사도들이 그리스도의 가르침, 곧 복음의 메시지를 포함시켜서 읽었습니다.

중세 교회의 예배 역시 성경 읽기는 예배의 필수 구성 요소였습니다. 이때는 구약과 신약을 구분해서 성경을 읽는 자들('렉터'로 불리는 자들)이 공동 예배에서 대표로 읽었고 회중은 듣는 방식으로 성경 읽기에 참여했습니다. 아울러 '렉셔너리'(그리스도의 생애를 중심으로 성경의 내용을 새롭게 편집해서 읽을 수 있도록 구성한 책)를 사용해서 본문을 읽었습니다. 예배에서의 이러한 공동 성경 읽기 방식은 종교개혁 시대에도 이어졌습니다. 그런데 종교개혁 시대의 예배는 공동 성경 읽기를 이어가면서 한 가지를 분명히 강조했습니다. 성경 본문을 함께 읽는 것만으로 그치지 않고 그 말씀의 의미를 정확히 깨닫고 실천하는 데 관심을 두었습니다. 이것은 원래 구약과 초대 교회 공동체가 강조했던 방식입니다. 정해진 성경 본문을 함께 읽고 그 의미를 정확히 깨달아 실천하는 데 주력했던 초대 교회 예배의 방식을 종교개혁 전통이 다시 복원시켰습니다. 그래서 예배 안에서 많은 본문을 산발적으로 읽기보다는 일정 분량을 읽고 그 본문에 담긴 의미를 정확히 깨닫게 하는 순서로서의 설교에 비중이 실리기 시작했습니다. 동시에 렉셔너리를 사용하기보다는 성경 전체를 공동 읽기의 본문으로 확신하고 주일 예배에서는 복음서, 수요일과 주중 기도 모임에서는 구약과 바울의 서신서를 함께 읽고 의미를 전달하는 방식으로 발전시켰습니다.

　이후 근대 교회, 특히 영국의 자유교회 전통에 속했던 청교도 예배에는 공동 성경 읽기가 더욱 새로운 방식으로 발전했습니다. 청교도의 예배는 근대 계몽주의와 합리주의의 영향을 받았는데 이성적인 깨달음과 정확한 이해는 예배에서 가장 중요한 원칙이었습니다. 그래서 성경을 함께 읽고 그것을 깨닫는 순서를 종교개혁자들보다 더 구체적으로 예배에서 실천했습니다. 공동 예배에서 설교와 분리된 구성 요소로 성경을 함께 읽고 그 의미를 해석하는 순서를 포함시켰습니다. 이 순서는 설교와는 독립된 순서로 대부분 30분 정도 진행되었습니다. 전통적으로 성경을 함께 읽는 순서를 받아들이되, 읽는 것만으로는 의미를 파악하지 못한다는 확신에 근거해서 목회자들은 공동 예배에서 공동 읽기와 해석(강해나 주해의 성격을 지닌 본문 해석)을 실천했습니다. 이후 현대 예배는 말씀을 읽는 것보다 말씀이 지닌 의미를 깨닫고 그것을 삶에서 실천하는 것을 더욱 중요하게 받아들여 발전시켰습니다. 예배를 통해서 성경이 지닌 의미를 더욱 분명히 이해하고 삶 속에서 실천하는 것은 오늘날 모든 예배에서 공통적으로 강조합니다. 그런데 예배에서 성경이 지닌 의미를 깨닫고 실천하는 것이 중요하다고 해서 설교를 강조하면서도 예배 진행 과정에서 공동체가 함께 성경의 일정한 본문을 읽는 순서를 간과하는 것은 경계해야 합니다. 예배에서 성경을 함께 읽는 것은 공동체 전체가 하나님의 말씀을 듣는 중요한 의미를 지닙니다.

이와 같이 공동체의 성경 읽기는 현대 예배에서 설교와 연결된 순서이지만 그 자체로 구분된 구성 요소로서 분명한 의미와 역할이 있습니다. 즉, 오늘날 교회 예배에서 공동체가 함께 성경을 읽는 것은 지속적으로 실천해야 할 예배의 구성 요소입니다. 예배 안에서 공동체가 함께 성경을 읽는 것은 다양한 방식으로 실천할 수 있습니다. 우선 예배 공동체가 함께 성경을 읽기 위해서 가장 먼저 실천할 수 있는 것은 침묵(silence)의 시간을 갖는 것입니다. 예배에서 성경을 읽는 것은 하나님의 말씀을 듣는 것을 의미합니다. 설교를 통한 메시지만이 아니라, 성경을 읽는 것 자체로 하나님의 말씀이 선포되는 것이고 예배자들은 그 말씀을 듣게 됩니다. 듣기 위해서는 말하는 것을 멈추고 들을 준비와 태도를 갖춰야 합니다. 현대 예배자들은 하나님과 대화로 진행하는 예배에서 자신들의 표현에 대해서는 깊이 신경쓰지만 하나님의 표현을 받아들이는 자세는 익숙하지 않습니다. 이런 점에서 예배 시간에 성경을 함께 읽기 전 30초나 1분 정도의 침묵 시간을 갖는 것은 하나님의 말씀을 듣는 공동체로 모인 의미를 더욱 선명히 드러낼 수 있는 실천이 될 수 있습니다.

두 번째로 예배 안에서 실천할 수 있는 공동체의 성경 읽기는 찬양 또는 기도에서 말씀을 읽는 순서를 포함시키는 것입니다. 예배에서 성경을 읽는 것을 설교 본문에 한정할 필요는 없습니다. 공동체가 함께 하나님의 말씀을 읽고 하나님의 뜻을 선포하면서 듣는 과정은 예배 음악 시간 또는 기도 시간에 성경 본문을 같이 읽는 것으로도 가능합니다. 특히 예배 음악에서 시편은 기독교 예배의 오랜 전통에서 음악의 내용 곧 가사로 사용되었습니다. 오늘날 이미 만들어진 음악을 예배에 사용할 때 시편을 새롭게 포함시키는 것은 어렵습니다. 그러나 예배 음악의 가사 내용을 더욱 선명히 표현하는 데 가장 적절하고 연관성 있는 시편의 말씀을 함께 읽는 것은 공동 읽기(public reading)를 가장 현실성 있게 실천하는 방식이 될 수 있습니다. 동시에 시편이 유대 공동체와 기독교 예배 공동체의 기도문으로 사용된 것을 계승해서 공동체가 함께 읽는 방식으로 기도할 수 있습니다. 예배 시간에 성경 말씀을 함께 읽는 것이지만 그것은 동시에 기도의 의미도 지닙니다. 물론 성경의 다른 본문들을 예배자들의 공동 기도문으로 사용할 수도 있습니다. 이와 같이 성경 본문을 공동으로 읽는 과정을 통해서 기도의 언어를 예배 안에서 배우고 익힐 수 있게 됩니다. 하나님의 말씀으로서의 성경 본문을 기도 내용과 언어로 사용하는 것은 즉흥 기도에 익숙한 현대 예배자들의 기도 언어를 성경적으로 더욱 풍성하게 해 줄 수 있습니다.

　마지막으로 설교 본문으로 사용되는 성경 내용을 읽는 방식을 발전시키는 것입니다. 이와 관련한 가장 기본적인 실천은 성경 본문을 읽는 순서를 생략하거나 간과하지 않는 것입니다. 흔히 예배 인도자 또는 설교자가 설교를 위한 성경 본문을 읽게 되는데 이러한 실천을 더욱 의도적으로 구체화해야 합니다. 우선 성경 본문을 읽는 것이 하나님의 말씀을 듣는 과정이라는 확신을 갖고 성경 본문을 읽기 전에 성령의 조명을 구하는 기도를 하는 것이 도움이 됩니다. 그리고 성경 본문을 읽을 때, 그 내용과 성격에 따라서 속도와 억양을 조절하고 이야기 또는 서신을 읽을 때는 대화적 기법과 같은 수사적 표현을 활용하면 성경의 공동 읽기 방식을 더욱 의미 있게 실천할 수 있습니다.

1. 자신이 참여하는 예배에서 공동체가 함께 성경을 읽는 시간은 언제이며, 어떻게 실천하고 있습니까?

2. 설교를 위한 본문뿐만 아니라 예배 안에서 성경을 함께 읽는 순서를 두는 것이 지닌 유익과 필요에 대해서 어떻게 생각합니까?

3. 찬양과 기도에서 성경을 읽는 방식을 포함할 수 있다면 구체적으로 어떻게 실천할 수 있을까요?

History of Worship

Question
20

"매주 예배가 진행될 때 헌금하는 순서가 있습니다. 비록 교회마다 그 방식은 조금 차이가 있지만 헌금을 예배에 포함시키는 것만큼은 공통적입니다. 특히 헌금을 위한 기도와 헌금을 봉헌하며 예배 중에 강대상으로 가져가는 순서는 대부분 공통적으로 진행하는 순서입니다. 기독교 예배에서 헌금이 어떤 의미와 역할을 하는지 궁금합니다. 예배의 순서로 포함되는 헌금 시간이 역사적으로 어떻게 발전한 것인지 그리고 오늘날 우리 시대의 예배에 헌금을 어떤 방식으로 지속해야 하는지 궁금합니다."

기독교 예배와
헌금(Offering)

기독교 공동체의 모임과 사역을 위해서 헌금은 중요한 구성 요소입니다. 하나님께 내어드리는 방식으로서의 헌금은 주로 예배 안에서 이루어지는데 오늘날 기독교 예배 공동체가 지닌 매우 중요하고 시급한 문제 가운데 하나는 예배 중에 헌금을 하는 방식보다는 헌금에 대한 사용 방식과 관련한 것입니다. 그런데 예배자들에 의해서 모아진 헌금을 어떻게 사용할 것인가에 대한 논의는 사실 어떤 방식으로 헌금을 내어드리게 할 것인가와 직접적인 관련이 있습니다. 예배 중에 참여하는 헌금이 누구에게, 왜 (무엇을 위해) 내어드리는 것인지에 대해 분명히 알고 실천하면 헌금이 사용되는 과정과 그 확인까지도 일관되게 접근할 수 있기 때문입니다. 지금까지 다양한 측면에서 교회 공동체의 헌금 사용과 관련한 이론적이고 실제적인 접근과 비판이 있었습니다. 그러나 헌금을 예배의 측면에서 심도 있게 살피고 그 의미를 찾아보는 시도는 그리 많지 않았습니다. 단지 재정에 대한 주제를 예배 설교에 포함하거나, 예배자들이 드린 헌금을 위해 기도하는 것 외에 좀 더 체계적인 접근을 하지 못했습니다. 따라서 헌금이 예배와 무슨 관련이 있고 예배자들이 구체적으로 어떻게 실천하는 것이 바람직한 것인지, 나아가 헌금을 어떻게 사용해야 하는지에 대해 분명히 이해하지 못하고 실천하게 되었습니다.

　기독교 예배에서 실천하는 헌금을 좀 더 구체적으로 분명히 이해하려면 우선 헌금이 기인하고 발전해 온 예배 안에서의 역사를 살펴보아야 합니다. 물론 하나님께 드리는 제물은 기독교 예배 이전부터 유래된 성경의 실천 방식이라고 볼 수 있습니다. 구약의 십일조와 각종 예물들은 각각의 제의와 회중이 모여 진행하는 의식 가운데서 이루어졌습니다. 그런데 오늘날 재물을 내어드리는 헌금이 구약의 연속적 개념이고 그것을 실천하는 시간과 장소가 예배일 뿐이라고 단순화시키는 것은 너무도 제한적인 이해입니다. 현대 예배에서 실천하는 헌금은 구약의 제물에 근거하기보다는 신약 시대 이후 초대 교회에서 실천한 방식에 더욱 근거하고 있기 때문입니다. 초대 교회에서 실천한 헌금은 그들이 실천한 예배와 직접적인 관련을 맺고 있었습니다. 초대 교회의 예배는 성찬 중심의 예배였습니다. 그리스도의 부활 이후 그리스도의 임재를 기념하고 축하하는 가장 분명한 의식의 형태로서 성찬은 예배의 중심으로 자리를 잡았습니다. 오늘날 말씀을 사모하고 그 말씀에서 하나님의 임재를 경험하는 세대와 음악을 통해서 깊은 영감과 하나님의 임재를 경험하는 세대가 형성되었듯이 당시에는 성찬이 그리스도를 기억하고, 인식하고, 또 직접 경험하는 가장 핵심적인 방식이었습니다. 초대 교회 예배에서 성찬을 진행하기 위해서 구체적으로 사용한 것은 '빵과 포도주'였습니다. 이 빵과 포도주는 매번 예배 참여자들이 모일 때마다 집에서 직접 준비해서 가져온 것이었습니다. 비록 구체적인 방식은 조금씩 달랐지만 초대 교회 예배자들은 예배 참여를 위해서 직접 빵과 포도주를 가져와서 그것을 내어드리고 함께 나누었습니다. 그들이 가져온 빵과 포도주는 예배 공동체와 함께 나눌 뿐만 아니라, 예배 공동체 밖에 있는 필요한 사람들에게 나누어주는 것으로도 사용되었습니다. 이러한 실천을 통해서 그들은 비록 자신이 가져온 빵과 포도주이지만 그것을 하나님에 의해서 하나님의 백성이 된 모든 사람들(현재 예배 공동체와 미래 예배 공동체가 될 교회 밖의 사람들)을 위한 선물로 이해했습니다. 모든 빵과 포도주는 하나님의 선물로서 필요한 모든 사람들에게 나누어주는 축제(feast)와 구제(almsgiving)의 의미를 지녔습니다. 이것에 근거해서 오늘날 우리가 예배 안에서 참여하는 헌금은 공동체의 나눔과 구제를 위해서 꼭 필요하고 의미가 있는 순서로 지속하게 되었습니다.

초대 교회 예배 공동체의 성찬과 관련한 헌금 발전은 중세에 새로운 의미로 전환되었습니다. 중세에는 비록 예배에서 매번 성찬이 실천되었지만 예배 참여자들은 단지 사제들의 성찬 진행을 바라보는 데 익숙했고, 직접적인 참여는 일 년에 한 번뿐이었습니다. 성찬에 사용되는 빵과 잔은 사제들이 직접 준비했고, 예배 참여자들은 단지 바라보는 역할에 익숙했습니다. 그렇다고 초대 교회에서 실천하던 빵과 포도주를 가져와서 앞에 내어드리는 시간이 없어진 것은 아니었습니다. 예배 참여자들은 더 이상 사제들이 준비하는 빵과 포도주를 가져올 필요가 없었지만 대신 재물(오늘날의 돈)을 가져와서 같은 방식으로 참여하며 내어드리는 시간과 순서를 가졌습니다. 재물은 초대 교회에서의 방식처럼 지역 주민들과 이웃들을 구제하는 데 사용되기를 기대했고 구조적으로 발전하는 교회의 다양한 사역들을 가능하게 하는 역할을 했습니다.

종교개혁 시대의 예배는 중세의 예배 방식을 대대적으로 전환하고 개혁했습니다. 이때 헌금과 직접적인 관련을 지닌 성찬은 더 이상 매주 실천되지 않았습니다. 그래서 이른바 '봉헌(offertory procession)'이라 불리는 순서, 곧 헌금을 드리기 위해서 성찬 테이블이 놓인 앞으로 나가는 순서가 없어졌습니다. 대신 종교개혁가들은 예배에 참여한 자들이 가져온 헌금을 예배당 입구 쪽에 마련한 헌금함에 들어오거나 나갈 때 넣는 방식으로 참여하게 했습니다. 그들은 예배의 가장 중심 시간에 이루어지는 헌금 봉헌을 위한 행진을 없앴고, 헌금이 성찬과 관련해서 직접적인 연결과 의미를 지니고 있는 것을 실천적으로 단절시켰습니다. 그러나 예물로서의 헌금이 성찬(예배 공동체와 이웃을 위한 나눔)과 관련해서 원래 지닌 의미는 복원시켰습니다. 예배자들이 참여해서 바친 헌금을 지역 공동체의 필요한 이웃들에게 나누는 구제를 위해서 사용하는 데 집중했습니다. 비록 성찬 자체는 매주 예배에서 실천하지 않았지만 성찬에서 의도한 그리스도의 임재 경험, 곧 차별 없이 받아들이는 그리스도의 환대를 모두가 경험하도록 나눔의 측면에서 실천했습니다.

근대 교회는 매우 다양한 방식으로 예배가 진행되었고, 헌금에 대한 구체적인 실천 역시 다양하게 이루어졌습니다. 초대 교회에서 의도했던 가난한 자들과 도움이 필요한 자들을 위한 구제와 나눔의 의미를 지속했지만, 구체적인 헌금 실천 방식은 각 예배 공동체마다 서로 달랐습니다. 초대 교회나 중세 교회에서 했던 것처럼 헌금을 강대상(원래는 성찬 테이블이었으나 말씀 중심의 예배로 인해서 강대상으로 옮겨짐) 앞으로 봉헌하는 방식을 지속하는 경우가 대부분이었습니다. 그러나 예배 참여자들이 예배 시간에 헌금을 할 것인지, 또 어떤 방식으로 할 것인지에 대해서는 각 공동체마다 서로 다르게 발전했습니다. 동시에 종교개혁에서 실천한 방식처럼 예배당 입구에 헌금함을 마련해서 예배를 위해 들어오거나 나갈 때 헌금에 참여하게 하기도 합니다. 이런 경우에도 예배 중에 헌금을 봉헌하는 상징적 행위들(헌금을 강대상 앞으로 가져가서 축복하거나 그것의 사용 용도를 위해 기도하는 행위들)을 지속하곤 합니다. 그런데 근대 교회의 성장에서 주목받는 예배 방식들 가운데 하나는 전도 집회 형식의 예배였습니다. 회중을 모아 함께 찬양하고, 그들의 마음을 준비시킨 후 복음의 메시지를 전달한 후에 그리스도 앞에 헌신하게 하는 방식으로 발전한 전도 집회 형식의 예배는 근대 북미와 한국 교회 초기 예배에 가장 친숙한 형태였습니다. 이러한 전도 집회 방식을 주일 예배로 발전시키면서 헌금이 원래 예배 안에서 차지하던 위치와 의미는 거의 상실되었습니다. 이런 이유로 현대의 단순화된 예배 방식에 익숙한 예배자들은 헌금을 예배 시간에 하는 것이 무슨 의미를 지니는지 잘 알지 못할 뿐만 아니라 어색한 경험 내지는 부담으로 받아들이곤 합니다.

그러면 역사적 이해와 실천에서 멀어진 예배 안에서의 헌금을 어떻게 이해하고 갱신해야 할까요? 무엇보다도 헌금을 예배 안에서 실천하는 구성 요소로 받아들이는 것이 문제입니다. 헌금은 공동체로서의 책임과 교인으로서의 의무 조항으로 이해할 수 있지만, 먼저 기독교 예배 안에서 실천하는 구성 요소임을 기억해야 합니다. 따라서 예배자들이 예배당 입구에 마련된 헌금함에 참여하든, 예배가 진행되는 시간에 참여하든 헌금을 예배의 한 부분으로 실천하도록 의도적으로 기회를 마련해야 합니다. 그다음에 필요한 것은 헌금을 봉헌하는 시간을 어느 순서에 넣을 것인지를 정하는 것입니다. 각 예배 공동체가 예배의 순서와 흐름에 따라 정할 수 있지만 설교 이후에 자신의 헌신과 반응을 결단하는 시간에 하는 것이 가장 바람직합니다. 헌금을 설교 이전에 하는 경우 예배의 흐름과 집중을 위해서는 실용적이지만 그 실천에 담긴 신학적 의미는 하나님께 무엇인가를 내어드리고 하나님께서 그에 대한 반응으로 은혜를 허락하실 것을 기대하는 것을 뜻합니다. 이와는 달리 말씀을 통해 하나님의 은혜를 경험한 후에 봉헌 시간을 갖게 되면 하나님이 허락하신 은혜에 대한 헌신 또는 반응의 의미를 갖게 됩니다.

　마지막으로 헌금을 예배 실천에 포함시키는 것은 문화적으로도 매우 중요한 의미를 지닙니다. 오늘날 재물과 관련한 문화의 주된 가르침은 많은 소유를 얻고 재산을 모으는 것에 집중되어 있습니다. 그런데 헌금은 그러한 문화에 반하는 실천을 요구합니다. 자신의 소유를 일부 떼어 내어 그것을 하나님께 내어드리는 실천은 소유 중심의 삶이 아니라 베풂을 구체적이고 규칙적으로 실천하는 것을 의미합니다. 기독교 예배는 자신이 기대하는 것을 더욱 풍성히 누리고 얻는 소비주의적 가치를 경험하게 하는 것이 아니라, 내어줌과 헌신을 통해서 하나님의 성품과 일하심에 참여하는 기회를 제공하는 의식입니다. 오래 지속되어 오고 깊은 의미를 지닌 헌금이 기독교 예배에서 더욱 적실성 있게 실천되도록 목회자와 예배 인도자들의 확신과 지혜로운 노력이 필요합니다.

함 께 생 각 해 볼 질 문

1. 예배 시간에 헌금을 하는 것에 대해 어떻게 이해하고 실천하고 있습니까?

2. 헌금이라 불리는 하나님을 향한 제물의 바침이 예배에서 필수 구성 요소라는 것에 대해 어떻게 생각하며 왜 그렇게 생각합니까?

3. 하나님께 내어드리는 헌금이 예배 공동체의 사역과 그 공동체가 속한 이웃을 위해서 사용된 역사의 교훈에 따를 때 자신의 예배 공동체에서 필요한 구체적인 실천은 무엇인가요?

History of Worship

Question
21

"얼마전 제 친구가 점심 시간에 가방에서 무언가를 꺼내 조용한 곳으로 가더니 그것을 펼쳐 읽으면서 묵상하고 기도하는 것을 보았습니다. 친구에게 그것이 무엇이냐고 물어보니 개인 기도를 위한 안내서라고 했습니다. 그러면서 그 개인 기도 안내서는 교회 공동체의 예배 모범으로도 사용한다고 말해 주었습니다. 그 친구가 속한 교회의 예배 공동체는 오래전부터 '예배 모범'이라 불리는 책을 사용하며 예배를 진행한다고 들었습니다. 저는 제 친구에게 예배의 모범은 오직 성경뿐이고 주일에 사용하는 것은 주보가 전부이며, 그나마 요즘은 예배실에 있는 대형 스크린으로 모든 것을 비추기 때문에 주보나 성경이 없어도 예배하는 데 큰 불편이 없다고 말해주었습니다. 예배 모범서는 무엇이며 그것이 오늘날 우리가 참여하는 대부분의 복음주의 예배에서 찾아볼 수 없는 이유는 무엇인가요?"

기독교 예배와 예배 모범(Liturgical Books)

기독교 예배에서 중요한 것 가운데 하나는 예배의 방식입니다. 하나님을 향한 열정과 간절한 마음을 담아 예배하는 것이 중요하다고 하지만, 실제로 열정을 담아내는 방식과 마음을 표현하는 방법도 중요합니다. 흔히 "잃어버린 예배의 열정을 회복하자"는 예배의 새로운 전환을 모색하는 표현을 종종 접합니다. 그러나 예배의 새로운 회복에 대한 필요성과 마음을 담는 동기를 자극하는 것 외에 구체적인 예배 방식에 대해 제안하는 경우는 그리 많지 않습니다. 그래서 가장 쉬운 접근을 택합니다. 곧 새로운 예배, 신선한 자극을 안겨 주는 예배, 사람들의 주목을 받는 예배, 무엇인가 다른 독특함을 드러내는 예배 등에 관심을 갖고 탐구하고 본받으려 합니다. 이러한 예배가 전적으로 잘못된 것은 아닙니다. 다만 이러한 관심을 갖고 예배에 접근하면 바람직한 예배에 대한 이해와 실천보다는 자신에게 만족을 가져다주고 자신이 선호하는 예배 방식에 집중하게 됩니다. 그러나 예배는 사람들의 마음을 자극하는 새로운 문화 상품과는 다른 의미가 있으며 다른 역할을 합니다. 예배는 하나님과의 인격적 대화로 이루어지며, 새로운 것을 시도하는 방식이 아니라, 하나님이 초청하시는 은혜의 방식에 믿음으로 참여하는 의식이 반복되는 과정입니다. 따라서 예배에서 중요한 것은 새로움이 아니라 하나님의 임재와 일하심에 깊이 참여하고 반응하는 것입니다.

　기독교 전통에서 발견할 수 있는 중요한 예배의 원리 가운데 하나는 바로 예배자들로 하여금 하나님의 임재와 일하심에 대한 믿음의 참여를 가능하게 하는 방식을 마련해 놓은 것입니다. 단지 사람들의 마음을 이끄는 새로운 방식에 관심을 갖기보다는 하나님의 은혜에 공동체가 가장 적합하게 참여하고 반응할 수 있는 방식을 제시하는 것이었습니다. 기독교 예배 역사에서 흔히 예배 방식을 규정하는 안내서로 알려진 예배 모범 또는 예배 규범은 모두 이러한 의미를 담고 발전한 것입니다. 다양한 예배 모범서들은 개인 예배를 포함해서 공동체가 하나님을 예배하는 방식을 구체적으로 안내해 줍니다. 오랜 전통 속에서 발전해 온 예배 모범서들은 일정 기간 사용한 것들도 있지만 일부는 지금까지 지속적으로 특정한 교단과 예배 공동체에서 계속해서 사용하고 있습니다. 이러한 예배 모범서들은 단지 전통 또는 예전에 속한 것들이라기보다는 기독교 예배의 방식과 그것에 담긴 신앙 형성의 의미를 드러내 주는 중요한 역할을 합니다. 비록 대부분의 현대 복음주의 예배에서는 이러한 예배 모범서들을 사용하지 않지만 직간접적으로 그것들과 연결된 의미가 있습니다.

예배 모범서들 가운데 기독교 전통에서 가장 오래된 것 중 하나는 2세기(약 155년)에 기록된 순교자 저스니투스(Justinus Martyr)의 '제일 변증서(The First Apology)'입니다. 이 문헌은 구체적인 예배의 순서를 담고 있지는 않지만 초대 교회의 예배 방식에 포함된 것들이 무엇인지를 잘 보여 줍니다. 특히 이 문헌을 통해서 기도를 포함한 말씀과 성찬의 구조가 이미 오래전부터 실천된 예배 방식임을 알 수 있습니다. 이후 기독교 예배는 동방과 서방으로 구분되어 서로 다른 방식으로 발전했지만 모두 예배 모범서 또는 안내서를 사용했습니다. 동방교회의 예배는 지난 2000여 년 동안 큰 변화 없이 고정된 예배 방식을 유지하고 있습니다. 서방교회는 로마 가톨릭교회의 미사(The Roman Rite)라 불리는 예배 모범서를 사용하며 발전했는데, 지난 1960년대 초반에 이 모범서의 사용에 대한 과감한 변화를 시도했습니다. 이러한 전통 안에서 종교개혁자들 역시 예배 모범서에 대한 새로운 전환과 발전을 위해 노력했습니다. 종교개혁은 단지 신학과 교리의 개혁뿐 아니라, 실천으로서의 예배를 구체적으로 전환시킨 과정이었습니다. 그들은 모든 예배 모범서들을 폐지시키지 않았습니다. 다만 성경에 근거한 예배 방식의 실천을 위해서 새로운 예배 모범서들을 제시했습니다. 종교개혁은 흔히 성경에 근거한 교회의 개혁으로 알려져 있는데 이러한 개혁 활동에 참여한 이들이 예배 모범서들을 완전히 폐지시키지 않은 점을 눈여겨볼 필요가 있습니다. 예배 모범서 자체가 성경적 신앙과 예배 실천에 문제가 있는 것이 아니라 예배 모범서가 담고 있는 내용, 즉 예배 방식에 대한 신앙적 고찰을 더 중요하게 여긴 점입니다.

종교개혁 이후 예배 모범서의 발전은 영국 국교회를 통해서 새로운 국면을 맞이했습니다. 1549년 영국 국교회는 모든 교회가 일관된 방식으로 사용하기 위한 예배 모범(The Book of Common Prayer)을 제시했습니다. 이 예배 모범은 오늘날까지 영국 성공회(The Church of England) 전통에 속한 모든 교회들이 약간의 수정 보완을 거치면서 지속적으로 사용하고 있습니다. 그런데 예배 모범과 관련한 기독교 예배 역사에서 가장 중요한 전환이 바로 이 영국 국교회의 예배 모범과 관련되어 있습니다. 흔히 자유교회(The Free Church) 전통에 속한 장로교, 침례교, 퀘이커(Quaker), 독립교단에 속한 이들은 영국 국교회의 예배 모범서를 따르지 않고 예배의 자율성을 추구하기 시작했습니다. 자유교회 전통에 속한 이들은 일관되고 고정된 방식에 따른 예배가 성경적 예배의 원리에 부합하지 않으며, 각기 서로 다른 신학적 확신에 따른 예배 실천을 하나의 동일한 형태로 통합할 수 없다는 확신을 갖고 있었습니다. 그래서 영국 국교회의 예배 모범서 사용을 거부했고, 그로 인해 초대 교회에서와 마찬가지로 공동 예배를 하지 못하게 하는 박해를 받기도 했습니다.

자유교회 전통에 속한 이들이 제시한 예배 방식은 예배 모범서의 거부가 아니라 예배 실천의 자율성을 추구하는 것이었습니다. 그래서 그들은 예배의 구체적인 방식이 아니라 원리만 제시하는 규범을 발전시켰습니다. '웨스트민스터 예배 모범(The Westminster Directory)'이라 불리는 것이 바로 대표적인 예입니다. 이 예배 모범은 예배에 대한 성경적 원리를 제시할 뿐이지 구체적인 순서와 방식을 다른 예배 모범들처럼 언급하지는 않습니다. 이들 자유교회의 전통에 따라 예배를 실천하고 있는 대부분의 복음주의 공동체들은 획일적으로 고정된 예배 방식보다는 자율적으로 변화와 새로움을 추구하는 방식에 더욱 익숙합니다. 더구나 예배 모범의 사용보다는 성경만을 예배의 원리이자 구체적인 도구로 간주하고 있습니다. 예배의 구체적인 방식을 위해서는 구별된 예배 모범보다는 안내를 위해 주보 또는 순서지를 사용하고 있으며, 찬양은 대부분 대형 스크린을 통해서 가사나 악보를 보여 주기 때문에 별도의 찬양곡집이나 찬송가가 필요하지 않습니다. 또한 기도의 경우도 대부분 대표자의 기도를 따르거나 구체적인 공동 기도를 사용하지 않고 각자 즉흥적인 언어로 기도합니다. 따라서 자유교회 전통에 뿌리를 두고 있는 복음주의 예배 공동체들의 경우 예배 모범서 사용은 매우 생소한 경험으로 간주될 뿐입니다.

그러면 자유교회의 전통을 따라 예배 모범서를 사용하지 않는 대부분의 복음주의 예배 공동체들이 예배서와 관련해서 배울 수 있는 것은 무엇일까요? 단지 호기심에 의해서 예배 모범의 내용들을 파편적으로 사용하는 것은 바람직하지 않습니다. 예배 모범에서 제시하는 구체적인 예배 방식과 기도 그리고 성경의 내용들은 모두 일정한 의미와 신학을 담고 있기 때문입니다. 또한 종교개혁자들의 시도를 따라 오늘날 복음주의 전통에 부합하는 예배 모범서를 새롭게 만드는 것도 적절하다고 보기 어렵습니다. 예배의 구체적인 순서와 기도의 내용을 담아서 그것을 따라하게 하는 것은 새로운 시도일 수 있으나 종교개혁의 원리를 실천하는 것은 아닙니다. 종교개혁자들은 성경적으로 가장 부합하는 예배 방식을 위해 로마 교회의 예배를 개혁한 것이었습니다. 오늘날 복음주의자들의 예배는 로마 교회를 배경으로 하지 않습니다. 따라서 복음주의자들이 예배서와 관련해서 예배를 갱신하려는 노력은 새로운 과제를 요구합니다.

우선 기독교 예배 전통에서 예배서를 사용했던 근본 의도와 의미를 발전시켜야 합니다. 예배서를 사용한 원래 의도 가운데 하나는 예배의 구체적인 방식이 신앙과 삶을 형성하는 역할 때문이었습니다. 예배 방식은 단지 원하는 스타일이나 선호하는 형태를 드러내고 표현하는 것이 아니라, 예배자들의 신앙과 삶을 구체적으로 형성하기에 매우 의도적으로 심도 있게 결정하고 구성했습니다. 곧 예배서들의 근본 의도는 예배자들의 신앙을 형성하는 데 초점을 두고 발전했습니다. 당시 예배자들의 관심을 끌거나 선호하는 방식을 담는 의도를 넘어선 기능을 지니고 있습니다. 예배서들에 담긴 구체적인 순서와 기도의 언어 그리고 찬양의 내용들은 모두 예배자들의 신앙과 삶을 형성하는 데 결정적인 역할을 해 왔습니다. 따라서 오늘날 예배서들을 대할 때 단순한 호기심이나 현대 예배를 위한 전통의 새로운 첨가를 위해서 파편적으로 사용하는 것은 신앙 형성의 기능을 고려할 때 바람직하지 않습니다. 오히려 예배서들이 담고 있는 신앙 형성의 원래 의도와 기능을 오늘날 예배에 발전시켜 적용해야 합니다.

우리 시대의 예배는 대부분 스타일이나 형태에 관심을 갖는데 그것은 예배자들에게 가장 부합하고 적합한 방식을 실천하기 위한 노력에서 비롯된 것입니다. 달리 말하면 오늘날 예배들은 그 실천의 가장 중요한 원리를 적실성(relevance)에 두고 있습니다. 예배자들의 참여를 더욱 선명하게 이끌기 위해서 문화를 고려하고 가장 적실성 있는 예배 방식의 개발을 위해서 지난 수십 년간 노력해 왔습니다. 이런 노력으로 인해서 세대에 부합하는 예배 방식을 발전시키는 기여를 하기도 했습니다. 그런데 이러한 문화 도모에 따른 예배 방식의 개발은 새롭고 신선한 예배의 개발에는 기여했으나, 그러한 방식이 예배자들의 신앙과 삶을 어떻게 형성하는지에 대해서는 상당 부분 간과했습니다. 예배는 단지 문화적 기호에 따라 적실성 있게 표현하는 방식이라기 보다는 그 방식을 통해서 신앙과 삶을 형성해 가는 기능과 역할을 실천하는 것입니다.

따라서 오늘날 복음주의자들은 예배서를 갱신하거나 새롭게 만들기보다는 예배의 구체적인 방식이 우리의 신앙과 삶을 어떻게 형성하는지에 대해 이해하고 예배를 실천하기 위해 노력해야 합니다. 예배서들(혹은 예배 모범서들)은 예배를 분명하고 일정한 구조로 제시해 줍니다. 시작과 진행 순서 그리고 마지막까지 모든 순서가 의도적으로 구성된 것이며, 각각의 순서에 담긴 방식과 언어적 표현도 매우 중요한 의미를 지니고 있습니다. 아울러 예배의 순서와 순서 사이의 전환도 깊은 신학적 이해를 바탕으로 한 것이며, 앉고 일어서는 안내까지 예배자들의 신앙 형성에 직접 영향을 미치도록 구성되어 있습니다. 이런 점에서 오늘날 복음주의 예배 공동체에서 사용하는 예배 순서지는 단순한 안내가 아니라 신앙을 형성하는 구체적인 기능을 담당합니다. 최근에는 주보에서조차 예배 순서를 안내하지 않는 경우가 있습니다. 이것은 예배를 복잡한 예전이나 형식이 아닌 현대적인 문화와 감각에 맞게 진행하려는 의도에서 비롯된 것일 수 있습니다. 그러나 이런 경우 예배를 지나치게 단순한 구조로 축소해 버리고 예배자들로 하여금 구분된 형식에서 주어지는 신앙 형성 기능을 간과해 버리는 결과를 초래할 수 있습니다. 예배의 갱신은 단지 적실성을 추구하기보다는 구체적인 방식을 통해서 신앙을 형성하는 측면을 반드시 반영해야 합니다.

함 께 생 각 해 볼 질 문

1. 자신이 참여하는 예배가 어떤 면에서 고정적이고 어떤 면에서 자율적인가요?

2. 예배 모범을 사용하지 않는 현대 교회들이 주보를 통해서 예배의 일정한 방식을 제시하는데, 그러한 방식의 자율성을 어느 부분까지 허용할 수 있다고 생각합니까?

3. 일정한 형태로 반복되는 예배의 구조와 방식 속에서, 예배 참여자들의 신앙 형성을 위해 오늘날 예배가 구체적으로 실천할 수 있는 것은 무엇일까요?

Question
22

"이미 오래전부터 새로운 예배, 또는 새롭게 떠오르는 예배에 대한 관심과 실천이 증가하고 있습니다. 많은 사람들이 예배를 새로운 시대와 새로운 문화에 적합한 방식으로 이해하고 실천해야 한다고 입을 모아 주장합니다. 새로운 예배란 무엇이며, 우리는 그러한 예배의 흐름에 대해서 무엇을 생각하고 실천할 수 있습니까?"

현대의 새로운 예배들에 나타난 예배 갱신의 관심과 실천

기독교 신앙에서 단순히 개인의 경건이 아니라 공동체의 예배에 관심을 갖는 것은 오늘날 신앙의 중요한 주제가 되었습니다. 약 50년 전까지만 해도 예배는 학자들과 목회자들 그리고 모든 기독교인들이 그리 큰 관심을 갖는 주제가 아니었습니다. 바른 신앙의 이해와 깨달음을 갖고 있으면 모든 신앙의 실천이 자연스럽게 형성된다는 생각을 갖고 있었기 때문입니다. 그러나 바른 신앙에 대한 이해가 그에 부합한 실천을 드러내지 못한다는 것을 좀 더 분명히 받아들이기 시작하면서 '실천으로서의 예배(worship as practice)'에 대한 관심이 부각되었습니다. 이제는 신학의 실천이자 반영으로서의 예배에 대한 관심이 보편화되었습니다. 예배에 대한 깊은 관심과 실천에 대한 제안들이 홍수처럼 쏟아지는 현상은 비록 의식적으로 수용하거나 인정하지 않더라도 가톨릭교회에서 고민하고 결정했던 예배의 방식, 곧 "전적으로 이해하고 적극적으로 참여하는(full conscious and active participation)" 예배를 위한 과감한 실천을 하라는 제2차 바티칸 공의회의 결정에서 비롯된 것입니다.

1960년대 초반에 이루어진 이러한 예배 실천에 관한 분기점은 예배 갱신의 새로운 현상들을 촉발했습니다. 그중에서 가장 두드러진 현상은 예배에 대한 이해나 원리보다는 예배자에 대한 관심을 갖기 시작한 것입니다. 예배는 하나님을 향한 인간의 반응이지만 그 반응의 주체로서의 인간을 이해하는 것은 예배를 결정하는 중요한 주제가 되었습니다. 예배 참여자로서의 인간은 더 이상 수동적인 방관자가 아니라 예배를 주도하는 주체로 부각되었습니다. 예배 현상으로서의 실천에 가장 큰 영향을 미치는 것이 예배에 대한 이해나 전통과 같은 원리라기보다는 예배자들 곧 그들의 삶의 방식과 가치를 담아내는 문화로 간주하기 시작한 것입니다. 이런 이유로 문화는 예배에서 가장 중요한 원리이자 관심의 대상으로 부각되었습니다. 가톨릭의 경우는 예배에서 문화의 중요성을 심각하게 논의하고 받아들이면서 상황화를 예배에 접목시켰습니다. 예배의 상황화 또는 문화화(liturgical inculturation)라는 원리를 갖고 문화에 적합한 예배 실천에 관심과 연구 그리고 제안을 집중했습니다. 다른 교단들의 경우도 구체적인 노력은 다르지만 원리는 같았습니다. 즉, 문화에 적합한 예배를 기획하고 발전시키는 것을 예배 갱신의 가장 중요한 과제로 삼았습니다.

복음주의 기독교인들도 예외는 아닙니다. 오히려 복음주의 교단에 속한 예배자들은 문화에 적합한 예배 실천을 위해 모든 관심을 집중한다고 해도 과언이 아닙니다. 심지어 기존의 모든 문화 연구를 예배와 연결시키기 위해 온갖 노력을 다하고 있을 정도입니다. 흔히 문화 이해의 기본 교과서로 사용되는 리차드 니버(H.R. Niebuhr)의 『그리스도와 문화 Christ and Culture』라는 책의 내용을 예배와 문화를 접목시키는 원리로 해석하기 시작했습니다. 또한 문화 현상에 관한 선교적 관찰을 통해서 예배를 선교학적 관점에서 해석하고 실천을 위한 제안을 하려는 움직임도 이제는 보편화되고 있습니다. 복음주의 예배는 이제 문화를 반영하는 예배, 문화를 접목시킨 예배, 문화에 적합한 예배 등 문화와 예배를 분리하지 않고 이해하고 실천합니다.

　예배와 문화에 대한 체계적인 접목과 실천은 북미에서 자연스럽게 진행되어 왔습니다. 문화의 가장 분명한 장르들을 예배와 직접 연결시키려는 노력이 아주 활발하게 진행되고 있습니다. 그 가운데 가장 선명한 현상은 음악입니다. 대중적이고 보편적으로 수용하고 있는 현대인들의 음악적 취향과 선호를 예배 실천의 접촉점으로 삼아서 실천하는 것입니다. 이제 현대적인 문화 요소들을 담아내는 음악을 예배에 사용하는 것은 북미 교회들의 두드러진 기여이자 특징이 되었습니다. 음악과 함께 문화를 예배에 접목시키는 또 다른 영역은 공간입니다. 예배 공간을 현대인들의 삶의 방식과 이해 그리고 취향에 가장 부합한 방식으로 전환해서 수용하고 있습니다. 곧 공간에 대한 현대인들의 기대와 선호에 따라 예배를 위한 공간도 그 원리를 반영하고 있습니다. 그런데 이러한 음악과 공간뿐만 아니라 심지어 예배의 진행 방식과 구성 요소도 문화를 반영해야 한다는 원리에 따라 실천하고 있습니다. 예배를 문화적으로 가장 친숙하게 받아들이고 참여하게 할 수 있는 공연이나 기획의 측면으로 해석하고 실천하는 것입니다. 시작과 진행 그리고 구체적인 순서 모두가 예배자들이 쉽게 이해하고 받아들이고 참여할 수 있는 방식으로 간소화되거나 조절되는 현상을 말합니다.

예배 참여자들, 곧 문화에 대한 관심과 배려에 따른 예배 갱신의 구체적인 현상은 구도자 집회와 새롭게 떠오르는 예배 그리고 최근에는 선교적 예배라는 명칭을 통해서 대표적으로 알려졌습니다. 구도자 집회는 1960년대 북미의 베이비 부머 시대와 구체적으로는 문화의 주체적인 참여자들로 간주된 대중을 향한 예배와 문화의 접목을 위한 시도였습니다. 문화에 관심을 갖지 않던 교회를 등지고 떠난 이들에게 다시 교회로 향할 수 있도록 문화를 접촉점으로 삼아 노력한 실천의 결과로 주어진 것이 곧 구도자 집회 형식의 모임이었습니다. 문화적 수용과 접목을 통해 동시대 사람들에게 주목받고 많은 사람들을 교회로 돌아오게 한 구도자 집회는 교회 성장이라는 뜻밖의(?) 결과를 얻게 되었고, 예외적으로 한국 목회자들에게 큰 주목을 받게 되었습니다. 그래서 음악, 공간의 전환, 그리고 간소한 순서로 진행되는 예배가 곧 현대 문화를 반영하는 예배 방식과 갱신의 원리가 된다는 지나친 축소주의의 위험에 빠지게 되었습니다.

그런데 시간이 흐르면서 북미의 새로운 세대는 문화의 흐름을 따라 새로운 질문을 하기 시작했습니다. "만약 교회와 문화가 같다면 굳이 교회에 갈 필요가 있는가? 우리는 교회가 문화와 다른 새로운 독특성과 정체성을 드러내기를 기대한다"는 도전을 제기했습니다. 새로운 문화 세대는 이전 세대의 문화를 따르기보다는 교회의 독특성과 정체성을 강조했습니다. 교회와 문화의 통합보다는 교회의 독특성을 드러내는 것이 더 필요하다고 역설했습니다. 이것은 예배와 문화의 분리를 뜻하는 것이 아니라 문화에 대한 관심의 또 다른 표현입니다. 이런 세대를 향해서 1980년대부터 새로운 방향으로 문화를 드러내는 예배를 추구했습니다. 바로 이른바 새롭게 떠오르는 예배(흔히 이머징 예배, 대안적 예배, 오가닉 예배 등 다양한 명칭으로 불리며 실천되는 현상들)입니다. 이러한 현상의 특징 가운데 하나는 예배의 전통을 혁신적으로 수용하는 것입니다. 그러나 이것은 사실상 전통과 오래된 것을 새롭게 추구하는 현대 문화의 또 다른 현상입니다. 이것이 복음주의의 원리로 자리 잡으면서 전통과 현대 문화를 균형 있게 수용하는 것이 바람직한 예배라는 다소 애매한 예배 갱신의 실천을 주장하게 하였고 그것을 자연스럽게 받아들이고 있습니다.

그리고 최근에 가장 주목받고 있는 것처럼 드러나는 선교적 또는 선교 지향적 예배는 선교적 교회나 선교적 공동체를 집중적으로 연구하고 관심을 갖고 있는 목회자들과 학자들 사이에서 새로운 대안으로 제시하고 있는 예배 실천입니다. 선교적 교회는 오늘날 새로운 표현이 아니라 성경과 초대 교회의 삶과 사역의 방향을 드러내는 모습을 가장 현대적으로 적실성 있게 제시하는 표현입니다. 선교적 교회에 대해서는 다양하고 복잡한 논의들이 있지만, 선교적 예배를 언급할 때 쉽게 빠지는 우려 가운데 하나는 그것을 성경과 초대 교회 그리고 현대 문화를 총체적으로 통합해서 제시할 수 있는 가장 바람직한 모델로 주장하는 것입니다. 예배는 처음부터 선교적 지향점과 측면을 지니고 있는 공동체의 실천입니다. 예배는 성경의 가르침을 반영하고 초대 교회의 실천을 연속적으로 발전시켜 온 공동체의 실천입니다. 예배는 참여자들의 문화를 반영하는 지극히 문화적 현상으로서의 공동체의 실천입니다. 그러나 구체화된 한 가지 모델을 모든 공동체에게 제시할 수 있는 고정된 형태로 제안하는 것은 이른바 실천에 따른 규정 원리(praxis-regulative principle)를 마치 고고학적 수용의 방식으로 사용하라는 제안이 될 수 있는 위험이 있습니다.

예배에는 문화적 측면이 있지만 현대 문화의 현상과는 다릅니다. 현대 문화의 가장 큰 특징 가운데 하나는 트렌드(trend) 또는 상품화입니다. 상품으로서의 현대 문화가 지향하는 것은 가장 앞선 또는 선도하는 삶의 방식에 대한 고정된 형태를 취하게 하는 것입니다. 그러나 예배 실천은 현대 문화와 같이 상품화될 수 없습니다. 각각의 예배 공동체는 성경과 선교 그리고 문화적 측면을 드러내고 반영하지만 그것은 각 예배 공동체의 창의적이고 적극적인 노력으로 가능한 것이어야 하고 동시에 서로 다른 모습으로 드러나야 합니다. 다른 예배 실천의 방식과 현상을 마치 하나의 상품으로 받아들여 자신의 공동체에서 실천할 수 있다고 하는 것은 이론적으로 가능한 이상일 뿐만 아니라 서로 다른 삶의 방식과 특징을 지닌 자신의 공동체의 독특성과 정체성을 간과한 것입니다.

그렇다고 문화와 관련해서 새로운 측면을 잘 보여 주는 예배 실천을 무시하거나 그러한 노력을 간과해서는 안 됩니다. 막연히 그러한 예배 공동체들을 마치 광고에서 보는 상품을 구입하듯 수용할 수 있을 것이라는 기대에 빠지는 것도 바람직하지 않습니다. 다만 문화와 밀접한 연결성과 접목을 통해서 예배를 실천하고 갱신하려는 노력에 담긴 위험을 정확히 알고 있어야 합니다. 이미 로마 가톨릭교회는 문화에 대한 수용과 상황화를 통한 예배 갱신의 위험을 받아들이고 있습니다. 그러나 대부분의 복음주의 예배 공동체들은 아직 예배와 문화의 조화로운 접목에 관심을 집중하고 있습니다. 예배와 문화의 접목과 연결에 갱신의 원리를 둘 경우 가장 비중을 두어야 하는 것은 적실성(relevance)입니다. 마치 복음이 대상에게 적절하게 선포되어야 하는 해석과 전달의 적실성을 상황화에서 강조하는 것을 뜻합니다. 적실성은 여전히 유효하고 바람직한 갱신의 원리가 됩니다. 그러나 성경과 초대 교회 그리고 교회 역사에서 예배를 실천하고 갱신할 때 가장 중요한 원리 가운데 하나는 형성(formation), 곧 예배를 통한 공동체와 예배 참여자들의 모습을 어떻게 형성하고 있는지를 반영하는 것이었습니다. 예배 참여자들에게 가장 적합한 방식으로 예배를 갱신할 수 있지만 그러한 것에 집중해서 예배하는 방식과 그 이후의 삶의 모습에서 하나님을 반영하는 삶을 드러내지 못하면 예배의 원래 의도와는 전혀 다른 결과를 초래할 수 있습니다. 그래서 이제는 예배와 문화의 균형 있고 적실성 있는 실천을 유지하면서 동시에 그러한 실천이 예배자들을 어떻게 개인과 공동체로 형성해 가는지에 대해서 구체적인 관심을 갖고 갱신하는 노력이 필요합니다. 이것이 오래전부터 예배와 관련해서 가장 중요한 관심이었고 지금도 그렇습니다. 예배의 방식이 단순히 적합하고 적실성 있는 실천일 뿐만 아니라 신앙과 삶의 방식과 무슨 관계(relationship between rule of worship and rule of faith/life)가 있는지를 이해하고 그것을 고려한 책임 있는 실천을 추구하는 예배가 가장 성경적이고 선교적이며 문화적인 예배가 될 수 있습니다.

함 께 생 각 해 볼 질 문

1. 자신이 속한 예배 공동체에서 가장 시급한 예배 갱신의 과제는 무엇이라고 생각합니까?

2. 예배 갱신을 위해서 문화적 적실성에 더 비중을 둡니까, 아니면 예배를 통한 신앙과 삶의 형성에 더 비중을 두고 있습니까? 무엇이 더 중요한 과제와 실천이라고 생각합니까?

3. 자신이 참여하는 예배가 예배자들이 믿고 고백하는 신앙의 내용과 부합하는 실천이라고 생각합니까? 만약 그렇지 않다면 고백과 실천의 일치를 위해서 노력할 수 있는 것은 무엇입니까?